中文社会科学引文索引（CSSCI）来源集刊
中国人文社会科学期刊AMI综合评价核心集刊

珞珈管理评论

LUOJIA MANAGEMENT REVIEW

2023年卷 第2辑（总第47辑）

武汉大学经济与管理学院

WUHAN UNIVERSITY PRESS
武汉大学出版社

图书在版编目(CIP)数据

珞珈管理评论.2023 年卷.第 2 辑:总第 47 辑/武汉大学经济与管理学院.—武汉:武汉大学出版社,2023.4
ISBN 978-7-307-23634-9

Ⅰ.珞…　Ⅱ.武…　Ⅲ.企业管理—文集　Ⅳ.F272-53

中国国家版本馆 CIP 数据核字(2023)第 045828 号

责任编辑:范绪泉　　　　责任校对:汪欣怡　　　　版式设计:韩闻锦

出版发行:**武汉大学出版社**　　(430072　武昌　珞珈山)
　　　　　(电子邮箱:cbs22@whu.edu.cn 网址:www.wdp.com.cn)
印刷:武汉市天星美润设计印务有限公司
开本:880×1230　1/16　印张:10.5　字数:257 千字
版次:2023 年 4 月第 1 版　　2023 年 4 月第 1 次印刷
ISBN 978-7-307-23634-9　　　　定价:48.00 元

管理评论

LUOJIA MANAGEMENT REVIEW

中文社会科学引文索引（CSSCI）来源集刊
中国人文社会科学期刊AMI综合评价核心集刊

目　录

2023 年卷第 2 辑（总第 47 辑）

CONTENTS

珞珈 管理评论

2023 年卷第 2 辑（总第 47 辑）

Luojia Management Review

No. 2，2023（Sum. 47）

情绪耗竭与工作投入的
非线性关系及其边界条件研究[*]

● 王红丽[1]　　梁翠琪[2]

（1，2　华南理工大学工商管理学院　广州　510640）

【摘　要】尽管已有研究一直在关注科研工作者情绪耗竭对工作投入的破坏性影响，但均未真正揭示科研工作者有可能在情绪耗竭状态下继续投入工作的内在机制，及其可能存在的边界条件。本文以资源保存理论为基本框架，探索了科研工作者面临情绪耗竭时，如何在工作投入水平上产生变化。结果表明：（1）科研工作者情绪耗竭与工作投入之间存在倒 U 形的曲线关系。（2）中国人传统性调节科研工作者情绪耗竭和工作投入之间的关系：对于传统性较高的科研工作者，两者之间的关系不显著；对于传统性较低的科研工作者，两者之间的倒 U 形关系将变得更加明显。（3）感知上级信任调节科研工作者情绪耗竭和工作投入之间的关系：对于感知上级信任较高的科研工作者，两者之间的关系不显著；对于感知上级信任较低的科研工作者，两者之间的倒 U 形关系将变得更加明显。本研究在理论上有助于拓展资源保存理论的研究，在实践上为更好管理科研工作者并提高其工作投入提供指导。

【关键词】科研工作者　情绪耗竭　工作投入　中国人传统性　感知信任

中图分类号：F273　　　　　文献标识码：A

1. 引言

当前国家"双一流"建设工程持续推进，在此背景下国内各高校针对硕博研究生纷纷制定了苛刻的考核标准，博士毕业也从原来的 3 年变成 4 年，甚至 5 年、6 年（王仙雅等，2014；赵君等，

＊ 基金项目：国家自然基金面上项目"矛盾视角下'肮脏'工作从业者矛盾职业认同前因、后效及动态演化过程研究"（项目批准号：72172047）；国家自然基金面上项目"持续被信任的代价：'时间窗'视角下员工持续被信任形成过程、负面影响效应及对策研究"（项目批准号：71872066）。

通讯作者：王红丽，E-mail：bmhlwang@ scut. edu. cn。

2021）。近年来有关硕博生情绪崩溃和压力过大的新闻报道越来越多。权威科学期刊 *Nature* 发布的《2021 年博士调查》显示，36% 的人曾因攻读博士而感到焦虑或抑郁。世卫组织 2020 年发布的一项国际调查也发现，在过去 12 个月中有 31% 的博士生出现了精神障碍的迹象，例如重度抑郁症、一般性焦虑症或恐慌症。科研工作者身心俱疲（Maslach et al，2001）现象已十分普遍。情绪耗竭是心理学、社会学、管理学研究的主要课题（Schaufeli，2003；Halbesleben & Buckley，2004）。情绪耗竭被定义为"情绪过度扩张和情绪资源枯竭的感觉"（Maslach，1993），对于科研工作者而言，就是一种不利于其实现工作需求和达成绩效期望的状态（Kerse et al.，2018）。科研工作者情绪耗竭的普遍性和持久性要远远大于人们的认知，更重要的是，一旦科研机构中情绪耗竭普遍存在，成为人人都可能高发的情绪感受，科研工作者情绪耗竭便成为个体在工作场所中必须应对的一种工作特征。情绪耗竭的科研工作者是否仍选择持续工作投入则是一个重要但被忽视的工作场所现象。

目前已有大量研究证实了情绪耗竭与工作态度、工作绩效、反生产行为以及离职倾向、自愿离职等结果之间的关系（Wright & Cropanzano，1998；Maslach et al.，2001；Ferreira，2019；Srivastava & Agarwal，2020；Abdel et al.，2021；王红丽和张筌钧，2016）。这些研究一致发现，个体情绪耗竭对个人和组织具有消极影响，特别是 Conway 等（2016）认为，情绪耗竭和工作投入是此消彼长、完全相反的情绪状态。然而，以往这些研究专注于探讨情绪耗竭与工作投入的负向线性关系，均无法真正揭示科研工作者有可能在情绪耗竭状态下继续投入工作的内在机制。有研究指出"不感到倦怠并不一定意味着一个人感到精力充沛，而不感到投入也并不一定意味着一个人是倦怠的"（Schaufeli & Salanova，2011）。资源保存理论认为，个人所拥有的资源将对他们面对不同的资源状况所采取的应对策略以及工作行为产生重要影响，而这与不同情境下员工获取和保护资源的态度、能力及优势也有关，个人资源和工作资源将塑造员工保存和发展资源的过程（Hobfoll，1989；Hobfoll et al.，1990）。因此，资源损耗的个体并不代表一定会任由"损耗资源"摆布而不采取其他方式来应对。情绪耗竭是一种因过度损耗心理资源所呈现的疲劳状态，已有研究表明情绪耗竭有可能与积极的工作结果相关联；另一方面，工作投入作为一种积极的认知情感状态，与个人相关资源的保存和获取密切相关，因此，科研工作者情绪耗竭和工作投入之间的关系可能不仅仅是已有研究所得出的简单负向关系，二者的关系可能更为复杂，这正是本文想要探讨的。

此外，如何进一步揭示科研工作者长期疲劳工作的真相是更为重要的议题，这在中国情境下尤为突出。目前仅有个别研究从个体资源和组织资源的视角探讨了科研工作者情绪耗竭产生破坏性影响的边界条件，但均未进一步揭示科研工作者情绪耗竭对工作投入产生非线性影响的边界条件，也即促成科研工作者在情绪耗竭状态下继续投入工作的"兴奋剂"。已有研究表明，一方面，不同文化环境中的人们应对资源损耗以及获取资源的方式存在个体差异。特别是在中国文化情境下，人们面临情绪耗竭时，不同的科研工作者（中国人传统性）可能会有不一样的工作投入水平。另一方面，在职场环境中，工作资源（如上级的信任）能够及时重构情绪耗竭科研工作者在情感方面缺失的资源，补充工作投入所需的资源，缓解科研工作者情绪耗竭对工作投入的负面影响。因此，本研究将以资源保存理论为基础，探讨科研工作者情绪耗竭对工作投入的非线性影响，以及科研工作者文化情境（中国人传统性）和职场情境（感知上级信任）对这一非线性影响的调节效应。

实证研究已经发现情绪耗竭和工作投入水平均存在日常波动（Qin et al.，2014；Ferreira，2019；

Uy et al.，2017），为了能够准确理解两者之间的关系模式，本文采用了日志研究的调查方式来测量情绪耗竭和工作投入的水平，并运用资源保存理论来解读两者的关系。资源保存理论对于理解以行动者为中心的日常波动态度与行为结果十分重要且有效（Diestel et al.，2015；Ferreira，2019；Srivastava & Agarwal，2020），其中心命题是人们总是努力保护他们现有的资源并建立新的资源（Hobfoll，1989）。因此，资源保存理论能为解释中国人传统性（个体间层次变量）和感知信任（个体内层次变量）对情绪耗竭与工作投入之间关系的调节作用提供理论切入点与参考。为了检验科研工作者情绪耗竭与工作投入之间的关系，本文开展了一项为期7天的日志研究，尝试对"科研工作者有可能在情绪耗竭状态下继续投入工作"这一问题做出合理解释，并帮助寻找到科研工作者长期疲劳工作的因素，真正帮助理论和实践研究者理解科研工作者长期疲劳工作的真相。本文的核心研究概念见图1。

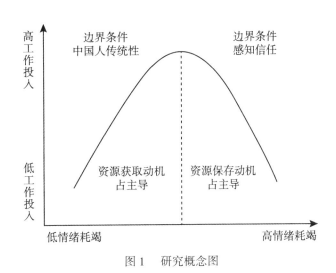

图1　研究概念图

2. 理论与假设

2.1　情绪耗竭与工作投入

情绪耗竭（emotional exhaustion）是职业倦怠（burnout）的重要维度之一，这一概念最初由Freudenberger（1974）、Maslach 和 Jackson（1981）提出，被定义为个体情感性和物理性资源的减少（Maslach et al.，2001），反映出一个人的情感处于过度扩张和疲惫的状态，表现为生理性的疲劳以及心理感受和情感的"消退"（Wright & Cropanzano，1998）。科研情绪耗竭是一种因科研任务过度损耗心理资源所呈现的疲劳状态。

大量研究已经证实，情绪耗竭与离职意图、反生产行为、知识隐藏等态度和行为相关。然而，文献中亦存在相关研究，揭示情绪耗竭并非绝对地与消极结果相关联，如 Qin 等（2014）发现在高工作保障和高互动公正气氛的条件下，情绪耗竭和谏言之间存在着 U 形的非线性关系，并且这种关系对于抑制性谏言更为突出，但当这些资源条件水平较低时，这种关系将变为线性负相关；又如 Uy 等 (2017) 发现每日日终时的情绪耗竭的影响将会蔓延到第二天的工作投入中，而帮助行为可以缓冲这种资源消耗效应。因此，情绪耗竭不一定会导致消极结果，也有可能与积极的工作结果相关联，并且与相关结果存在非线性关系。

与情绪耗竭相反，工作投入是一种积极的认知情感状态，是一种"积极、充实、与工作相关的心态，其特点是活力、奉献和吸收"(Schaufeli & Bakker, 2004；Conway et al., 2016)。考虑到情绪耗竭与工作投入均与个体的资源状况有关，资源保存 (Conservation of Resources, COR) 理论为解释两者之间的关系提供了比较合适的理论视角。COR 理论指出，人们会努力获取、保留和发展他们所重视的资源 (Hobfoll, 1989)，这种资源不仅包含实物资源、工作条件等各种物理性资源，也包括个人特征、能量等情感性资源 (Hobfoll, 1989)。COR 理论提出两项基本原则——"资源获取"原则和"资源保存"原则。资源获取原则认为"人们必须投入资源以防止资源损失，从损失中恢复，并获得资源"。资源获取的动机将促使个体在情绪耗竭的情况下增加工作投入，以防止进一步的能量损失并重新获得能量储备。资源保存原则认为与获得资源相比，人们更害怕失去资源 (Hobfoll, 1989)。根据 COR 理论，当没有面临压力源时，人们会努力开发与获取资源，以防止未来潜在的损失；而随着时间发展，工作需求会渐渐以比资源补充更快的速度消耗资源，降低个人应对能力并导致痛苦的增加 (Hobfoll, 1989；Hobfoll et al., 1990)。

工作投入涉及人们利用他们的全部自我"在角色表现期间在身体、认知和情感上全面地使用和表达自己"(Kahn, 1990)。表现出高度工作投入的人将他们的整个自我置于他们正在履行的工作角色中，调动他们全部的情绪能量在工作中运用和表达自我，这需要耗费大量的资源。当情绪耗竭水平由低向中等水平发展时，科研工作者逐渐感到一定程度的倦怠，个人资源开始损失；但此时个体所拥有的资源还相对丰富，科研工作者还可以调动自身拥有的资源，采取相对积极的应对策略 (Ito & Brotheridge, 2003)。因此，科研工作者将加大自我意识的投入，投入更多的情绪能量到工作中，提升工作投入水平，以便补充资源。在这一阶段，资源获取动机占据了主要地位。而当情绪耗竭水平由中等向高水平发展时，个人资源已经被严重消耗，此时科研工作者的资源保存动机将取代资源获取动机的主导地位，个体将遵循资源保存的首要原则，减少能量与资源的投入以保护自身资源，降低工作投入水平。总体而言，在不同的资源消耗水平和个人资源动机引导下，情绪耗竭将与工作投入呈现不同的相关关系：当科研工作者情绪耗竭水平相对较低时，情绪耗竭的增加会导致工作投入水平逐渐提高；而随着情绪耗竭水平不断上升，科研工作者个体将经历一个拐点，越过这个拐点后，科研工作者情绪耗竭的增加会导致工作投入水平的下降。由此，提出如下假设：

H1：科研工作者情绪耗竭与工作投入之间的关系是倒 U 形的。

2.2 中国人传统性的调节作用

在中国的组织情境下，个体的文化价值观和人格特质将会在个人动机导向上产生差异性影响 (Lam & Schaubroeck, 2002)。中国人传统性 (Chinese traditionality) 的概念最初来源于台湾心理学家杨国枢等人的研究，被定义为"在动机、评价、态度和气质方面的典型特征模式，这些特征在中国传统社会中最为常见，在台湾、香港和中国大陆等当代中国社会中仍然可以找到"（Yang，2003）。中国人传统性反映出个体对传统儒家思想所界定的"上尊下卑"的等级角色关系的认可程度，具体分为遵从权威、孝亲敬祖、安分守成、宿命自保以及男性优势 5 个维度（Yang et al.，1989）。研究发现，一方面，传统性较高的个体更加遵从权威，遵循等级角色义务与关系，他们对于组织的态度和行为往往是根据社会角色预先决定的（汪林和储小平，2008），而不太可能根据组织和上级对待他们的态度和行为来灵活作出反应；另一方面，高传统性的个体自我意识较弱，容易受到外部环境的塑造，对外在环境更加感到不具有控制力与无法掌握（孙秀明和孙遇春，2015）。因此，对于传统性较高的科研工作者来说，当他们在工作中感到倦怠时，由于他们自我意识较弱、对个体外因素有更多的无力感，他们往往更加倾向于顺从组织及导师的工作安排，不太可能通过主动采取资源应对策略来防止或是弥补资源损失带来的不平衡。因此，当科研工作者情绪耗竭水平不断上升时，尽管他们面对资源损失状况，高传统性的科研工作者也将采取宿命自保的态度，而不太可能采取一些行为来保护剩余的资源。总的来说，无论科研工作者情绪耗竭如何变化，高传统性的科研工作者依然会遵循其固有的角色规范，保持一定程度的工作投入水平，因此其情绪耗竭与工作投入的关系不太显著。

研究表明，对于自我意识较强的个体，资源的损失可以通过参与由个人自由意志而非强制性角色义务决定的偏好活动来抵消（Trougakos & Hideg，2009）。因此，对于传统性较低的科研工作者，他们具有更多的自我意识，更加强调自治和自我的掌控感（孙秀明 & 孙遇春，2015），不太会通过明哲保身的方式来保护资源。当情绪耗竭水平由低向中等水平发展时，为了弥补资源的损失以保持一种平衡，他们会更加投入自我，从而导致工作投入水平的加速上升。但这一上升趋势并非没有尽头。随着情绪耗竭的不断增加，低传统性的科研工作者将经历一个拐点，此时他们的情绪资源已经陷入极度枯竭的状态，以至于他们所拥有的资源已经不足以支撑他们投入资源以获取更多资源来弥补资源损失的不平衡。这种情况下他们将转向采取资源保护的态度，减少资源的投入，表现出工作投入水平更快的下降。据此，本文提出以下假设：

H2：中国人传统性调节情绪耗竭和工作投入之间的关系。对于传统性较高的科研工作者，两者之间的关系不显著；而对于传统性较低的科研工作者，两者之间的倒 U 形关系将变得更加明显。

2.3　感知信任的调节作用

感知信任是指一方对另一方的行为进行风险承担的意愿感知（王红丽和张筌钧，2016），分为感知依赖和感知信息透露两个维度（Lau et al.，2007；Lau et al.，2014）。赋予个体信任是对其授权的关键，可以让个体意识到自身的价值并带来积极的结果（Mishra & Mishra，2012）。

研究表明，感知信任会影响个体对于资源损益的感知，使得个体在资源的保护和获取方面产生不同的能力水平（Baer et al，2014）。一方面，感知信任程度较高的个体认为他们获得了信任发送者更多的认可，拥有更多的好处、福利和资源，能够获得更多来自信任发送者所透露的信息，这些信息作为一种可利用资源的同时，也有利于其他方面资源的获取；另一方面，在中国情境下，感知信任意味着个体获得了信任发送者将其划为"圈内人"的一种信号（郑伯壎，1995），这种组织地位上的认可意味着个体将在资源的获取上更加便利和具有优势（Dirks et al.，2004）。对于感知信任程度较高的科研工作者来说，无论情绪耗竭水平如何变化，他们都不必耗费自我的资源，加大自我意识的投入以争取重新取得资源的平衡，情绪耗竭对他们自身的工作投入水平的影响也因此变得不明显。

与此相反，感知信任程度较低的科研工作者认为自身的能力和品行没有得到导师的足够认可，在资源获取方面不具有特殊优势，因此他们会更强调自我的指导和运用，通过自身的努力来弥补资源的损失。当情绪耗竭水平由低向中等水平发展时，出于资源获取的动机，他们会加大自我的运用，投入更多资源以弥补被消耗的资源，努力通过资源获取实现资源的平衡。相较于感知信任程度更高的员工，感知信任程度较低的员工的工作投入水平会随着情绪耗竭的加重而更快速地提升。另一方面，由于感知信任程度较低的员工对资源的消耗会感到更多担忧，当科研工作者情绪耗竭由中等向高水平发展时，他们的个人资源已经处于严重耗尽状态，难以依靠自我的努力获取资源以维持平衡，这时资源保护动机将被触发，他们将会减少资源的投入，以保护剩余的自我资源，导致工作投入水平经历一个拐点，转向加速下降。总之，不同感知信任程度的员工将在面对情绪耗竭时采取不同的应对策略，使得他们的工作投入水平相应产生不同的变化。据此，本文提出以下假设：

H3：感知信任调节科研工作者情绪耗竭和工作投入之间的关系。对于感知信任程度较高的科研工作者，两者之间的关系不显著；而对于感知信任程度较低的科研工作者，两者之间的倒 U 形关系将变得更加明显。

3. 研究设计

3.1　样本收集

本研究所涉及的样本采集自华南理工大学、安徽师范大学、内蒙古大学。由于本文的理论模型中，科研工作者的情绪耗竭、工作投入以及感知信任均存在日常波动，而中国人传统性则属于相对稳定的人格特质，所以本研究采用日志研究的问卷调查法进行数据收集。本次调查共邀请 129 位来自以上高校的博士研究生参与问卷调查，其中 118 人对问卷进行了有效填答（有效填答比率为91.5%）。问卷调查共分为两阶段进行，总计持续三周时间。在第一阶段，受访者需填写一套一次性问卷，问卷内容包括人口统计变量、中国人传统性量表。第二阶段的问卷调研在受访者填写完一次性问卷的一周之后开始，受访者需在连续的 7 个工作日中重复填写同一套每日问卷。每日问卷分为两部分，第一部分内容包括情绪耗竭量表和感知信任量表，第二部分为工作投入量表。受访者被要求在每日中午 12：00（T1）完成问卷第一部分内容的填写，选择该时间点是因为受访者已进行了数小时工作，有机会感知情绪耗竭，并感受来自上级（导师）的信任。问卷第二部分内容的填写要求在每日下午 5：30（T2）完成。两次问卷填写之间的时间间隔，可保证自变量与因变量之间存在因果关系。如 118 位受访者完成全部 7 天的问卷填写，则将有 826 份样本。因有个别受访者没有完成全部 7 天的问卷填写，以及部分数据存在缺失，在剔除无效问卷后，本次问卷调查最终得到有效样本 746 份，有效样本比率为 90.3%。

进行有效问卷填答的受访者中，女性占 51.7%，男性占 48.3%；年龄阶段上，18 岁以下受访者占 0.8%，19~21 岁受访者占 11.9%，22~24 岁受访者占 55.9%，25~27 岁受访者占 29.7%，28 岁以上受访者占 1.7%；工作年限上，1 年以下占 20.3%，1~3 年（不含）占 62.7%，3~5 年（不含）占 2.5%，5 年及以上占 14.4%。

3.2　变量测量

本调查主要采用已有文献中的成熟量表，并严格根据 Brislin 翻译和回译流程（translation-back translation procedure）设计问卷内容，以保证测量工具具有较高的信度。除控制变量外的所有量表均采用六级李克特量表，评分从 1（完全不同意）到 6（完全同意）代表不同等级。

（1）情绪耗竭（T1）。采用由 Maslach 和 Jackson（1981）开发的 9 题项量表。示例题项如“我的科研工作让我情绪低落”“早晨起床不得不去面对一天的科研工作时，我感觉非常累”。该问卷克伦巴赫 α 值为 0.92。

（2）工作投入（T2）。采用由 Breevaart 等（2013）进行改良的 9 题项 Utrecht 工作投入量表。示例题项如“今天在科研工作中，我感到自己迸发出能量”“今天我在科研工作时，感到自己十分强大并且充满活力”。该问卷克伦巴赫 α 值为 0.94。

（3）中国人传统性（T1）。采用由 Farh 等（1997）进行改良的 5 题项量表。示例题项如“政府的主要官员就像一家之长，市民应该服从他的决策”“避免犯错的最好办法就是听从年长者的建议”。该问卷克伦巴赫 α 值为 0.75。

（4）感知信任（T1）。采用 Gillespie（2003）开发的 10 题项量表。示例题项如“今天，对于我的导师觉得重要的事，他会设法令我参与其中并产生影响力”“今天，我的导师跟我分享了他对于一些敏感问题的想法或看法，即使他的想法可能不太受欢迎”。该问卷克伦巴赫 α 值为 0.89。

（5）控制变量。主要控制了性别、年龄以及工作年限的人口统计特征变量的影响。对于性别，男性为“0”，女性为“1”；年龄主要划分为五个阶段，22 岁以下为“1”，23~25 岁为“2”，26~28 岁为“3”，29~31 岁为“4”，32 岁以上为“5”；科研工作年限主要划分为四个阶段，1 年以下为“1”，1~3 年（不含）为“2”，3~5 年（不含）为“3”，5 年及以上为“4”。

3.3　数据结构的有效性

本文使用 Mplus 7.4 软件对所构建的模型进行验证性因子分析（CFA），以检验各主要变量所对应的测量项之间的关系是否符合预期。表 1 列出了所检验不同模型结果。以斜交四因子模型（所有变量相互独立）为基准模型，分别构建了三因子、二因子以及单因子模型（五个因子完美相关）。结果表明，文章假设的四变量模型的各项拟合指标（模型 1：$\chi^2 = 1567.677$，df = 339，CFI = 0.912，

TLI = 0.902，SRMR = 0.056，RMSEA = 0.050）优于其他模型，即只有四因子模型的适配指标符合有关研究中所建议的评价要求，相比之下本文的研究数据不再支持其他竞争模型，因此可以说明本文的核心变量具有良好的区分效度。

表 1　　　　　　　　　　　　　　　验证性因子分析结果

模　　型	χ^2	df	RMSEA	CFI	TLI	SRMR
感知上级信任，中国人传统性，情绪耗竭，工作投入	1567.677	339	0.050	0.912	0.902	0.056
感知上级信任，中国人传统性+情绪耗竭，工作投入	3502.778	342	0.111	0.774	0.750	0.112
感知上级信任+情绪耗竭，中国人传统性，工作投入	3518.188	342	0.112	0.772	0.748	0.114
感知上级信任+工作投入，中国人传统性，情绪耗竭	3009.977	342	0.102	0.809	0.789	0.085
情绪耗竭+中国人传统性，感知上级信任+工作投入	4943.663	344	0.134	0.670	0.638	0.129

注：总样本数量 $N=746$，个体数量 $n=118$。

4. 研究结果

4.1　描述性统计及相关性分析

本文采用日志研究法进行数据收集，包含了个体间层次数据和个体内层次数据。在进行假设检验前，本文采用 Mplus 7.4 软件对所有个体内层次变量进行方差成分分析，以检验变量是否拥有足够的个体内方差，结果如表 2 所示。情绪耗竭的方差成分中包含 97.94% 的个体内方差，工作投入的方差成分中包含 99.86% 的个体内方差，感知信任的方差成分中包含 92.51% 的个体内方差。因此，所有的个体内层次变量都拥有足够的个体内方差，可以采用跨层次回归进行假设检验。

变量的描述性统计（均值和标准差）以及变量间的相关系数如表 3 所示。可以看出，工作投入与主要研究变量之间存在显著的相关性。

表 2　　　　　　　　　　　　　　个体内层次变量的方差成分分析

变量	γ_{00}	σ^2	τ_{00}	$\sigma^2 / (\sigma^2 + \tau_{00})$
情绪耗竭	3.403 ***	1.045	0.022	97.94%
工作投入	3.654 ***	0.272	0.039	99.86%
感知信任	3.656 ***	0.158	0.144	92.51%

注：* 代表 $p<0.05$，** 代表 $p<0.01$，*** 代表 $p<0.001$。下同。

表3 描述性统计及变量间的相关系数

变　量	均值	标准差	1	2	3	4	5	6	7
1. 性别	0.5402	0.49871							
2. 年龄	3.1850	0.70136	−0.156**						
3. 工作年限	2.1072	0.89249	−0.010	0.449**					
4. 感知上级信任	3.6548	0.84534	−0.118**	−0.003	−0.118**				
5. 中国人传统性	2.4454	0.74147	0.005	−0.092*	0.069	0.101**			
6. 情绪耗竭	3.4029	1.03374	−0.009	0.067	0.070	0.015	0.103**		
7. 工作投入	3.6574	0.95571	0.003	−0.115**	−0.140**	0.644**	0.037	−0.182**	

4.2　假设检验

本文个体间层次数据和个体内层次数据之间存在嵌套结构。为避免多重共线性，根据 Qin 等（2018）建议的程序，本文采用 SPSS 23.0 软件对所有个体间层次变量进行了总均值中心化（grand-mean center），对除结果变量外的所有个体内层次变量进行组均值中心化（group-mean center），以方便检验个体内层次变量每日波动所带来的影响。

表4 分层回归模型及调节效应检验结果

变　量	工作投入					
	Model 1		Model 2		Model 3	
	β	s. e.	β	s. e.	β	s. e.
常量	4.184***	0.176	4.036***	0.314	3.982***	0.118
性别	−0.026	0.070	0.025	0.154	0.116	0.060
年龄	−0.083	0.056	−0.052	0.098	−0.110**	0.040
工作年限	−0.090*	0.044	−0.103	0.071	−0.003	0.030
情绪耗竭	−0.048	0.034	−0.005	0.018	−0.067*	0.029
情绪耗竭平方	**−0.069**	0.023	−0.014	0.018	−0.038	0.019
中国人传统性			0.010	0.116		
情绪耗竭×中国人传统性			−0.003	0.023		
情绪耗竭平方×中国人传统性			**0.053**	0.029		
感知上级信任					0.606***	0.050

续表

变　　量	工作投入					
	Model 1		Model 2		Model 3	
情绪耗竭×感知上级信任					−0.010	0.039
情绪耗竭平方×感知上级信任					**0.053**[*]	0.024

注：$N=746$；* 代表 $p<0.05$；** 代表 $p<0.01$；*** 代表 $p<0.001$，双尾检验。

为检验调节效应显著性，本文采用 Mplus 7.4 软件进行跨层次结构方程模型分析，并根据 Preacher 等（2011）的研究，采用 R 软件，通过蒙特卡洛法（Monte Carlo-based methods）产生抽样分布并得到置信区间，以检验调节变量在高水平（平均值+1 个标准差）和低水平情况下（平均值−1 个标准差）的调节效应的显著性。

4.2.1　情绪耗竭的主效应检验（H1）

H1 预测科研工作者情绪耗竭与工作投入之间的关系是倒 U 形的。模型 1 中依次加入性别、年龄、工作年限三个控制变量以及情绪耗竭的一次项和情绪耗竭的平方项，以检验情绪耗竭对工作投入的主效应。结果如表 4 所示，情绪耗竭的一次项对工作投入的影响不显著（$\beta=-0.048$，ns），而情绪耗竭的二次项对工作投入有显著影响（$\beta=-0.069$，$p<0.01$），根据 Aiken 和 West（1991）对非线性关系的研究，可以得知自变量对因变量存在非线性的影响作用，因此支持 H1。

4.2.2　中国人传统性的调节作用检验（H2）

如表 4 所示，中国人传统性显著调节了情绪耗竭平方和工作投入之间的关系（$\beta=0.053$，$p<0.01$），调节效应存在。由于中国人传统性的调节系数为正，可知中国人传统性起着削减型的调节作用，即中国人传统性越低，科研工作者情绪耗竭对工作投入的影响越强，换言之，传统性低的员工更容易因为情绪耗竭的影响产生工作投入水平上的变化。根据 Aiken 和 West（1991）的建议，检验曲线关系的调节效应时，如果"自变量×调节变量"的系数不显著，而仅有"自变量平方项×调节变量"的系数显著，则调节变量将不改变曲线整体的倾斜度，而仅改变曲线形状、曲度或开口方向。根据检验结果，本研究只有中国人传统性与情绪耗竭平方的交互项显著，因而中国人传统性的介入改变了原有曲线形状。进一步，模型以上下取一个标准差为限，进行曲线斜率的简单估计（结果见表 5），并在情绪耗竭正负一个标准差（+sd，-sd）的范围内，绘制中心化后的调节效应图，以揭示调节效应的具体影响，结果见图 2。图 2 描述了两种中国人传统性水平下科研工作者情绪耗竭和工作投入之间的相互作用，结合表 5 的结果可知，当中国人传统性水平较高时，曲线曲率的 95% 误差修正置信区间包含 0，而中国人传统性水平较低时，曲线曲率的 95% 误差修正置信区间不包含 0，即当中国人传统性水平较高时，科研工作者情绪耗竭与工作投入之间的曲线关系变得不明显；当中国人传统性水平较低时，科研工作者情绪耗竭和工作投入之间的倒 U 形关系变得更加显著。总体上，H2 得证。

表5　　　　　　　　　　　调节效应斜率简单估计值及显著性

调节变量		简单斜率估计值		标准误差	Est. /S. E.	95%置信区间	
						下限	上限
中国人传统性	+1SD	一次方	−0.007	0.023	−0.299	−0.047	0.033
		二次方	0.026	0.021	1.213	−0.014	0.064
	−1SD	一次方	−0.003	0.026	−0.100	−0.050	0.044
		二次方	**−0.054***	0.033	−1.609	**−0.112**	**−0.001**
	差值	一次方	−0.004	0.034	−0.121	−0.066	0.056
		二次方	**0.079***	0.042	1.868	**0.002**	**0.155**
感知上级信任	+1SD	一次方	−0.075*	0.040	−1.873	−0.157	0.006
		二次方	0.007	0.026	0.267	−0.043	0.059
	−1SD	一次方	−0.058	0.046	−1.275	−0.147	0.035
		二次方	**−0.083****	0.030	−2.753	**−0.140**	**−0.026**
	差值	一次方	−0.017	0.065	−0.261	−0.145	0.113
		二次方	**0.089***	0.041	2.188	**0.011**	**0.173**

注：**代表 $p<0.01$；*代表 $p<0.05$；双尾检验。

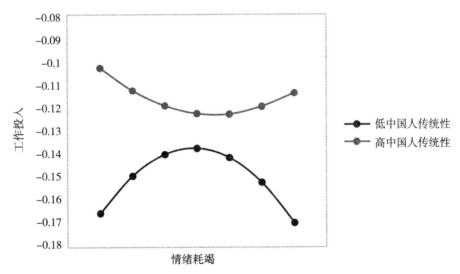

图2　中国人传统性对情绪耗竭和工作投入关系的调节效应

4.2.3　感知信任的调节作用检验（H3）

如表4所示，感知信任显著调节了情绪耗竭平方和工作投入之间的关系（ $\beta=0.053$ ， $p<0.05$ ），调节效应存在。由于感知信任的调节系数为正，可知感知信任起着削减型的调节作用，即感知信任越低，科研工作者情绪耗竭对工作投入的影响越强。本研究只有感知信任与情绪耗竭平方的交互项

显著，因而感知信任的介入改变了原有曲线形状。进一步，进行曲线斜率的简单估计（结果见表 5）并以此绘制中心化后的交互效应图，结果如图 3 所示。图 3 描述了两种感知信任水平下科研工作者情绪耗竭和工作投入之间的相互作用，结合表 5 的结果可知，当感知信任水平较高时，曲线曲率的 95% 误差修正置信区间包含 0，而当感知信任水平较低时，曲线曲率的 95% 误差修正置信区间不包含 0，即当感知信任水平较高时，科研工作者情绪耗竭与工作投入之间的曲线关系变得不明显；当感知信任水平较低时，情绪耗竭和工作投入之间的倒 U 形关系变得更加显著。总体上，H3 得证。

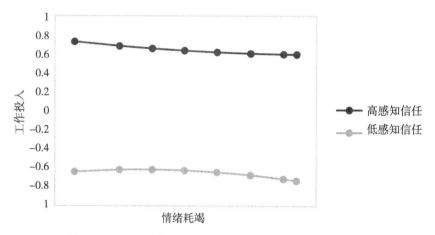

图 3 感知上级信任对情绪耗竭和工作投入关系的调节效应

5. 结果讨论与启示

5.1 结果讨论

本研究从资源保存理论视角出发，探讨了科研工作者情绪耗竭与工作投入不同于以往负向线性关系的非线性关系，以及影响科研工作者情绪耗竭与工作投入的边界条件。研究结果表明，第一，情绪耗竭对工作投入有着非线性的倒 U 形影响关系，在低度到中等水平的情绪耗竭情况下，科研工作者的工作投入将随着情绪耗竭的增加逐渐提升，而在中等水平到高度的情绪耗竭情况下，科研工作者的工作投入将转而逐渐降低。第二，中国人传统性调节情绪耗竭和工作投入之间的关系，使得对于传统性较高的科研工作者，两者之间的关系不显著；而对于传统性较低的科研工作者，两者之间的倒 U 形关系将变得更加明显。第三，感知信任调节情绪耗竭和工作投入之间的关系，使得对于感知信任较高的科研工作者，两者之间的关系不显著；而对于感知信任较低的科研工作者，两者之间的倒 U 形关系将变得更加明显。这些发现不仅对科研工作者情绪耗竭和工作投入两个领域都有意义，而且对揭示科研工作者长期疲劳工作以及中国人传统性和感知信任的缓和效应都提供了实践启示。

5.2 理论启示

首先，本研究表明科研工作者情绪耗竭对工作投入的影响表现出非线性关系，这对已有研究得出的线性负相关结论是一大挑战。如已有研究大多认为，科研工作者情绪耗竭可能会诱发学术不端等负面行为（张永军等，2013；赵君等，2021）。然而，情绪耗竭本质而言是个体在组织中的情绪感受，并非对工作本身的直接体验，探讨工作中的情绪体验是否能左右工作态度和工作行为，具有重要的意义。本研究发现，情绪耗竭与工作投入之间的关系是倒 U 形的。在相对低水平的情绪耗竭下，工作投入水平将逐渐提升，而随着情绪耗竭水平的不断增强，将存在一个拐点，工作投入水平将转为逐渐下降。这意味着，人自身在遭遇情绪资源损耗后，有可能在初始阶段产生顺应情绪的行为，但是人的主观能动性往往更善于应对资源损耗，从工作投入中获得的增益资源就可以减弱情绪耗竭中资源的损耗。本文回应了 Qin 等（2014）的呼吁，揭示了情绪耗竭与工作投入之间的非线性关系，并且超越该研究局限于探讨工作资源作为情绪耗竭作用发挥的边界条件，进一步将资源保存与获取方式的个体差异（即中国人传统性）纳入考虑。研究结果也挑战了 Conway 等（2016）的观点，即科研工作者情绪耗竭和工作投入尽管是相反的情绪状态，但并非此消彼长，也并非不可调和，关键是要厘清两者之间的作用关系。

其次，本研究进一步揭示了科研工作者情绪耗竭对工作投入产生非线性影响的边界条件，强化了对该非线性关系的认知。一方面，中国人传统性作为一种最能代表中国人人格特质的本土文化价值观，是会影响个体在组织社会关系中自我概念的一种个体资源（Aryee，2007）。根据中国传统的儒家伦理思想，传统性会使得人们更加遵循"上尊下卑"的等级关系，更加受到角色内义务和期望的约束。这种个体资源携带了强大的文化影响力，使得个体在中国文化背景下表现出与文化相适应行为，因此无论个体心理与生理资源如何变化、情绪耗竭状况如何，高传统性者都服从其角色期望与义务，保持一定的工作投入。另一方面，感知信任作为一种组织资源，能够通过提供情绪支持和工作资源支持，缓解科研工作者情绪耗竭对工作投入的负面影响。通过揭示科研工作者情绪耗竭对工作投入影响的边界条件，本研究为应对情绪耗竭消极影响提供新见解。

最后，本研究验证了资源保存理论，并丰富了对资源保存理论的探讨与研究。本研究聚焦于科研工作者的情绪耗竭状况，基于资源保存理论，揭示了不同情绪耗竭水平下，科研工作者会基于不同的个人和环境资源状况以及受到不同动机的激励而采取不同的应对策略，由此表现出不同程度的工作投入。通过阐释科研工作者在不同情绪耗竭情况下资源获取动机与资源保存动机交互更替主导，以及相关边界条件（中国人传统性、感知信任）在其中的作用，本研究揭示了科研工作者工作投入非线性变化的根本原因，为理解动机整合运用的机制和触发路径提供新见解，进一步拓展了资源保存理论的研究和运用。

5.3 管理启示

一方面，组织机构不能因为科研工作者全身心投入工作就忽视对科研工作者自身真正福祉的关注。高度的工作投入并不一定意味着科研工作者处于精力充沛的状态，只是他们出于各种主观或客观原因而全神贯注于工作，因此不能仅仅从科研工作者的工作投入程度来判断科研工作者工作福祉是否得到了保障。科研工作者在组织中持续工作投入，有可能是特定文化价值观（如中国人传统性）约束下的适应性行为，也有可能是感知信任获取的资源优势，有了应对情绪耗竭的积极反应。因此，科研机构的导师要经常与博士研究生沟通，了解他们真实的工作情绪和工作状态，以避免沉醉于表面而忽略背后的根源问题。

另一方面，面对情绪耗竭普遍存在的现实，组织和导师除了重视科研工作者情绪耗竭存在的事实，更应该正视科研工作者长期疲劳工作的现象，了解现实中"过劳死"发生背后的真相。本研究解释了科研工作者情绪耗竭与工作投入之间的非线性关系，但这一发现并不是鼓励管理者故意以某些方式增加科研工作者的情绪耗竭以提升他们的工作投入，而是启示管理者了解已经身负压力、情绪耗竭的科研工作者在组织中可能仍然坚持投入工作，这是"过劳死"现象频繁发生的根本原因。压力往往会导致科研工作者的资源消耗并带来情绪耗竭，并可能意味着组织存在其他潜在的政策、职能、任务分配等方面的问题。管理者应该通过对各种隐性组织问题的改善，从根源上减轻科研工作者的情绪耗竭问题。

5.4　研究不足及展望

第一，本文收集的样本集中于几所高校的博士研究生，因此研究结果是否可以简单复制到其他行业以及其他文化环境尚待验证，未来可以重复这样的研究，以提高研究价值。此外，考虑到科研工作者还有不同的组成人群（如青年教师、研究员等），本研究可能存在样本推广性的问题，未来可考虑针对其他科研工作者，或是采取更科学的方式进行抽样。

第二，尽管控制了人口统计特征，但本文的调查对象主要面向博士研究生，在具体报告的数据结果上可能存在一定的共同倾向性，这使得研究结果可能具有群体性特征。未来研究可以扩展研究对象的范围，这尤其有助于深化对不同个体特征所带来的影响的理解。

第三，本文所涉及的变量多数以感知测量为主，并采用自我报告的方式，尽管事前已经尽量减少一致性填写动机并控制了共同方法偏差，但仍可能对研究结果构成影响。未来研究可以通过多次时滞性的调查以克服这一问题。

第四，本文提出中国人传统性和感知信任对科研工作者情绪耗竭与工作投入之间关系的影响，未来研究可以进一步深入和拓展二者的作用机制，并尝试挖掘更多的情境因素，提升本研究对于管理实践的价值。

◎ 参考文献

［1］孙秀明，孙遇春. 工作疏离感对员工工作绩效的影响——以中国人传统性为调节变量［J］. 管理评论，2015，27（10）.

［2］王红丽，张筌钧. 被信任的代价：员工感知上级信任、角色负荷、工作压力与情绪耗竭的影响

关系研究［J］. 管理世界，2016（8）.

［3］ 汪林，储小平. 心理契约违背与员工的工作表现：中国人传统性的调节作用［J］. 软科学，2008，22（12）.

［4］ 王仙雅，林盛，陈立芸. 挑战—阻碍性科研压力源对科研绩效的作用机理——科研焦虑与成就动机的中介作用［J］. 科学学与科学技术管理，2014，35（3）.

［5］ 赵君，刘钰婧，赵书松，刘智强. 科研情绪耗竭如何诱发科研不端行为：基于自我损耗理论的解释［J］. 科学学与科学技术管理，2021，42（2）.

［6］ 郑伯壎. 家长权威与领导行为之关系：一个台湾民营企业主持人的个案研究［J］. 民族学研究所集刊，1995，79.

［7］ Abdel Hadi, S., Bakker, A. B., Häusser, J. A. The role of leisure crafting for emotional exhaustion in telework during the COVID-19 pandemic［J］. Anxiety, Stress, & Coping, 2021, 34（5）.

［8］ Aiken, L. S., West, S. G., Reno, R. R. Multiple regression：Testing and interpreting interactions［M］. Newbury Park, CA：Sage Publications, 1991.

［9］ Baer, M. D., Dhensa-Kahlon, R. K., Colquitt, J. A., et al. Uneasy lies the head that bears the trust：The effects of feeling trusted on emotional exhaustion［J］. Academy of Management Journal, 2015, 58（6）.

［10］ Breevaart, K., Bakker, A. B., Demerouti, E., et al. The measurement of state work engagement：A multilevel factor analytic study［J］. European Journal of Psychological Assessment, 2012, 28（4）.

［11］ Brower, H. H., Lester, S. W., Korsgaard, M. A., et al. A closer look at trust between managers and subordinates：Understanding the effects of both trusting and being trusted on subordinate outcomes［J］. Journal of Management, 2009, 35（2）.

［12］ Conway, E., Fu, N., Monks, K., et al. Demands or resources? The relationship between HR practices, employee engagement and emotional exhaustion within a hybrid model of employment relations［J］. Human Resource Management, 2016, 55（5）.

［13］ Diestel, S., Rivkin, W., Schmidt, K. H. Sleep quality and self-control capacity as protective resources in the daily emotional labor process：Results from two diary studies［J］. Journal of Applied Psychology, 2015, 100（3）.

［14］ Dirks, K. T., Skarlicki, D. P. Trust in leaders：Existing research and emerging issues［J］. Trust and Distrust in Organizations：Dilemmas and Approaches, 2004, 7.

［15］ Farh, J. L., Earley, P. C., Lin, S. C. Impetus for action：A cultural analysis of justice and organizational citizenship behavior in Chinese society［J］. Administrative Science Quarterly, 1997, 42（3）.

［16］ Freudenberger, H. J. Staff burn-out［J］. Journal of Social Issues, 1974, 30（1）.

［17］ Gillespie, N. Measuring interpersonal trust in work relationships［J］. Australian Journal of Psychology, 2003, 55.

［18］ Halbesleben, J. R., Buckley, M. R. Burnout in organizational life［J］. Journal of Management,

2004，30 （6）.

［19］ Hobfoll, S. E. Conservation of resources: A new attempt at conceptualizing stress ［J］. American Psychologist, 1989, 44 （3）.

［20］ Hobfoll, S. E. , Freedy, J. , Lane, C. , et al. Conservation of social resources: Social support resource theory ［J］. Journal of Social and Personal Relationships, 1990, 7 （4）.

［21］ Ito, J. K. , Brotheridge, C. M. Resources, coping strategies, and emotional exhaustion: A conservation of resources perspective ［J］. Journal of Vocational Behavior, 2003, 63 （3）.

［22］ Kahn, W. A. Psychological conditions of personal engagement and disengagement at work ［J］. Academy of Management Journal, 1990, 33 （4）.

［23］ Kersea, G. , Kocakb, D. , & Ozdemirc, S. Does the perception of job insecurity bring emotional exhaustion? The relationship between job insecurity, affective commitment and emotional exhaustion ［J］. Business and Economics Research Journal, 2018, 9 （3）.

［24］ Lam, S. S. , Chen, X. P. , Schaubroeck, J. Participative decision making and employee performance in different cultures: The moderating effects of allocentrism/idiocentrism and efficacy ［J］. The Academy of Management Journal, 2002, 45 （5）.

［25］ Lau, D. C. , Liu, J. , Fu, P. P. Feeling trusted by business leaders in China: Antecedents and the mediating role of value congruence ［J］. Asia Pacific Journal of Management, 2007, 24 （3）.

［26］ Lau, D. C. , Lam, L. W. , Wen, S. S. Examining the effects of feeling trusted by supervisors in the workplace: A self-evaluative perspective ［J］. Journal of Organizational Behavior, 2014, 35 （1）.

［27］ Maslach, C. , Jackson, S. E. The measurement of experienced burnout ［J］. Journal of Organizational Behavior, 1981, 2 （2）.

［28］ Maslach, C. , Schaufeli, W. B. , Leiter, M. P. Job burnout ［J］. Annual Review of Psychology, 2001, 52 （1）.

［29］ Preacher, K. J. , Zhang, Z. , Zyphur, M. J. Alternative methods for assessing mediation in multilevel data: The advantages of multilevel SEM ［J］. Structural Equation Modeling: A Multidisciplinary Journal, 2011, 18 （2）.

［30］ Salamon, S. D. , Robinson, S. L. Trust that binds: The impact of collective felt trust on organizational performance ［J］. Journal of Applied Psychology, 2008, 93 （3）.

［31］ Schaufeli, W. B. Past performance and future perspectives on burnout research ［J］. South African Journal for Industrial and Organizational Psychology, 2003, 29 （4）.

［32］ Schaufeli, W. B. , Bakker, A. B. Job demands, job resources, and their relationship with burnout and engagement: A multi-sample study ［J］. Journal of Organizational Behavior: The International Journal of Industrial, Occupational and Organizational Psychology and Behavior, 2004, 25 （3）.

［33］ Schaufeli, W. , Salanova, M. Work engagement: On how to better catch a slippery concept ［J］. European Journal of Work and Organizational Psychology, 2011, 20 （1）.

［34］ Skinner, D. , Dietz, G. , Weibel, A. The dark side of trust: When trust becomes a 'poisoned chalice'

［J］. Organization，2014，21（2）.

［35］ Srivastava，S. ，Agarwal，S. Workplace bullying and intention to leave：A moderated mediation model of emotional exhaustion and supervisory support ［J］. Employee Relations：The International Journal，2020，42（6）.

［36］ Trougakos，J. P. ，Hideg，I. Momentary work recovery：The role of within-day work breaks ［J］. Research in Occupational Stress & Well Being，2009，7.

［37］ Uy，M. A. ，Lin，K. J. ，Ilies，R. Is it better to give or receive? The role of help in buffering the depleting effects of surface acting ［J］. Academy of Management Journal，2017，60（4）.

［38］ Wright，T. A. ，Cropanzano，R. Emotional exhaustion as a predictor of job performance and voluntary turnover ［J］. Journal of Applied Psychology，1998，83（3）.

［39］ Qin，X. ，Direnzo，M. S. ，Xu，M. ，et al. When do emotionally exhausted employees speak up? Exploring the potential curvilinear relationship between emotional exhaustion and voice ［J］. Journal of Organizational Behavior，2014，35（7）.

［40］ Qin，X. ，Huang，M. ，Johnson，R. E. ，et al. The short-lived benefits of abusive supervisory behavior for actors：An investigation of recovery and work engagement ［J］. Academy of Management Journal，2018，61（5）.

［41］ Yang，K. S. ，Yu，A. B. ，Yeh，M. H. Chinese individual modernity and traditionality：Construction definition and measurement ［C］. Proceedings of the Interdisciplinary Conference on Chinese Psychology and Behavior，1989.

［42］ Yang，K. S. Methodological and theoretical issues on psychological traditionality and modernity research in an Asian society：In response to Kwang-Kuo Hwang and beyond ［J］. Asian Journal of Social Psychology，2003，6（3）.

Research on the Curvilinear Relationship between Emotional Exhaustion and Work Engagement and Its Boundary

Wang Hongli[1]　Liang Cuiqi[2]

（1，2　School of Business Administration，South China University of Technology，Guangzhou，510640）

Abstract：Although existing researches keep concerning about the destructive influence of researcher' emotional exhaustion on work engagement，none of them could really revealed the internal mechanism by which researcher may keep engaging in work with a state of emotional exhaustion，and the possible boundary conditions of its "credit effects"，which means a lack of the investigation about the real causes of researcher' long-term burnout. Based on the conservation of resources theory，this paper explores how the new generation of researcher in China experience changes in work engagement level when they face emotional exhaustion. The results show that（1）there is an inverted U-shaped relationship between emotional exhaustion and work engagement；（2）Chinese traditionality has a moderating effect among emotional exhaustion and work engagement, and the lower traditionality will make this curve relationship more obvious；（3）felt trust plays a moderating role in the relationship between emotional exhaustion and work engagement, and the lower felt trust makes this curve relationship more obvious. The research theoretically contributes to expanding the research on the conservation of resources theory, and practically provides reference for better manage and improve researcher.

Key words：Researcher；Emotional exhaustion；Work engagement；Chinese traditionality；Felt trust

专业主编：杜旌

珞珈管理评论
2023 年卷第 2 辑（总第 47 辑）

Luojia Management Review
No. 2, 2023（Sum. 47）

一个好汉三个帮：基于自我评价的员工受助与工作绩效机制研究*

● 詹元芳[1]　望家晴[2]　龙立荣[3]　黄世英子[4]

（1　华中师范大学经济与工商管理学院　武汉　430079；

2，3，4　华中科技大学管理学院　武汉　430074）

【摘　要】知识经济时代，帮助行为作为一种亲社会行为一直备受学者关注。基于自我评价理论，从受助者的视角出发，探讨了组织情境下员工接受帮助影响工作绩效的自我评价机制，以及员工宜人性在这一过程中所起的调节作用。分析 354 名员工三阶段的问卷调查数据，结果发现：（1）接受帮助通过提升员工基于认知的被信任感知正向影响其任务绩效；（2）接受帮助通过提升员工基于情感的被信任感知正向影响其人际公民行为；（3）宜人性正向调节了接受帮助与基于认知的被信任感知和基于情感的被信任感知之间的关系，即宜人性高的员工接受帮助会有更高的基于认知和情感的被信任感知。

【关键词】接受帮助　基于情感的被信任感知　基于认知的被信任感知　工作绩效　宜人性

中图分类号：F270　　　　文献标识码：A

1. 引言

知识经济时代，企业外部环境动态多变，企业内部工作任务的复杂性和互依性越来越高，员工间的互帮互助有利于提升产品质量和服务水平。作为组织公民行为的重要要素，帮助行为会产生诸多益处（Bamberger，2009）。以往关于帮助行为的大多研究是从帮助者视角出发，探讨帮助行为对帮助者和组织的影响（严洁晶和佐斌，2010）。然而，作为职场帮助行为的重要主体，受助员工的心理

---

* 基金项目：国家自科面上项目"知恩图报还是恩将仇报？帮助者和受助者互动视角的帮助行为研究"（项目批准号：71772072）；国家自科重点项目"基于价值共创共享的平台型企业组织行为研究：组织协同力视角"（项目批准号：72132001）。

通讯作者：望家晴，E-mail：wjq0821@126.com。

感受不容忽视。接受帮助作为常见的人际互动行为，会对员工的公民行为和任务绩效等重要结果产生影响。

研究表明，员工接受帮助后会有更多的人际公民行为。这一现象主要基于社会交换理论，当受助者获得帮助时会产生感恩或者负债感（Halbesleben & Wheeler，2015；Schaumberg & Flynn，2009），进而激发其做出回报行为（Gouldner，1960）。此外，接受帮助对受助者的任务绩效也会产生影响，但受助与绩效的关系受到受助者自尊的调节作用，具体而言，接受帮助后，高自尊的受助者为了挽回自己的自尊以及日后避免再接受他人帮助，会付出努力提高自己的任务绩效，而低自尊的受助者不存在这种效应（Depaulo et al.，1981）。

根据已有研究，员工接受帮助对其公民行为产生影响的机制，主要指向受助者的感恩和负债感，那么，接受帮助是否会通过影响受助者对自身的评价进而影响人际公民行为，尚没有得到有效探讨。此外，员工接受帮助会对其任务绩效产生重要影响，但其影响机制及边界条件亟待明晰。因此，本研究基于自我评价理论（Gecas，1982；Markus & Wurf，1987），综合分析员工接受帮助对其公民行为和任务绩效产生影响的心理机制及个体特征所起的调节作用。自我评价理论认为，个体会根据所获得的社会信息，对自我重要性、胜任力和价值进行评估，以形成自我概念（Gecas，1982），所形成的自我概念会进一步影响个体的态度和行为。帮助行为作为同事进行资源投资的典型人际互动行为（Halbesleben & Wheeler，2015），是受助员工获得的重要社会信息，传达了信任的信号，可能会触发受助者的被信任感知，包括基于认知和基于情感的被信任感知。员工获得基于认知的被信任感知后会积极评价自身的能力，努力提升任务绩效；获得基于情感的被信任感知后则会积极评价自己在组织中的人际关系，继而积极从事人际公民行为以体现自己的人际价值。

此外，以往研究表明，对接受帮助具体情境的解读有可能因受助者特征而异，受助者的个人特征对受助结果会产生重要影响，例如员工性别等（Nadler & Jeffrey，1986）。本研究着重探讨员工宜人性这一重要个性特征，在接受帮助影响受助者基于情感和认知的被信任感知过程中所起的边界作用。宜人性反映了个体与他人互动过程中所持的态度，相对于低宜人性的个体而言，高宜人性的个体与他人维持积极的关系，信任他人并具有合作精神（Graziano，1996），在接受帮助的过程中乐于进行积极的交流和互动，会产生更多的基于认知和基于情感的被信任感知，继而付出更多努力从事人际公民行为以及提升任务绩效。

本研究基于自我评价理论，探讨了员工受助通过受助员工基于认知和基于情感的被信任感知进而影响员工行为绩效的中介机制，以及受助员工的宜人性所起的边界作用。本研究的理论贡献有以下三点：首先，本研究基于自我评价理论，揭示了基于认知和基于情感的被信任感知在员工接受帮助影响其行为绩效过程中的中介机制，拓展了受助行为积极作用机制的研究。其次，本研究探讨了员工宜人性在接受帮助与不同类型被信任感知的关系中所起的调节作用，找到了接受帮助影响受助者自我评价的边界条件。最后，本研究通过探讨接受帮助对员工基于认知和基于情感的被信任感知的影响，以及不同类型被信任感知对员工工作绩效的差异化影响，丰富了人际信任的前因与结果研究。

2. 理论基础和研究假设

2.1　接受帮助与基于认知的被信任感知

自我评价理论认为，个体会根据自身所处的人际环境以及所获得的社会信息，对自我重要性、胜任力和人际价值等方面进行评估，以形成自我概念（Gecas，1982）。在工作场所，自我评价不会发生在真空中，环境背景和社会信息是自我评价的基础，个体会选择与自我相关的评价信息，并据此调整对自我能力、人际价值等方面的评估，而领导与同事的行为和态度是员工获得评价的最重要来源。帮助行为作为工作场所典型的人际互动行为，是同事从事的消耗个体资源的行为（Halbesleben & Wheeler，2015），也是社会交换的重要形式（Pitzmuller & Dyne，2013）。以往研究表明，当员工相信同事有能力回报自己时，帮助行为的可能性会更大（Halbesleben & Wheeler，2015），即帮助行为作为典型的人际行为，传达了重要的社会信息，表明了帮助者对受助者的信任，因此，从受助者的角度来看，帮助传达了同事对其重要性和人际价值的积极评价，从而提高受助者的被信任感知。

被信任感知（felt trusted）是同信任相对的一个独立概念和结构，是指被信任的一方对自己是否被另一方信任的感知，也是个体对另一方愿意承担风险的意愿的感知（Lau et al.，2014）。Mcallister（1995）将信任划分为认知信任和情感信任，认知信任是对他人能力和可靠性的理性信任，而情感信任是基于人际关怀和情感投入产生的信任。与之相对应，基于认知的被信任感知是员工感知到自身的能力和可靠性被同事信任，是一种对自身能力和可靠性的积极自我评价；基于情感的被信任感知是感知到同事会信任其在关系中投入情感和进行分享，也是对自我人际价值和情感资源的积极评价。具体而言，当员工遇到无法解决的工作问题或难题时，得到他人的帮助，有利于获取更多与工作问题相关的资源，如知识、技能或相关的信息，这些资源是有形的、具体的，可以直接帮助受助员工推进各项工作、任务或改善工作状态，减轻受助者的工作压力（Uy et al.，2016）。从受助者的角度来看，同事的帮助行为释放了信任的信号，这些信号让员工意识到自己"有能力且值得被信任"。帮助者愿意耗费时间、精力等个体资源来帮助自己解决工作中的问题，让自己获益，是对受助者未来回报能力和可靠程度的一种信任（Uy et al.，2016），即受助员工感知到帮助者愿意对自己进行投资，相信自己依靠获得的帮助可以掌握相关的知识和技能，有能力处理工作中的问题，并具有日后进行互惠和回报他人的能力。因此，当员工接受同事的帮助时，会感受到对方对自己能力和可靠性的认可，积极评价自己的价值和能力（Uy et al.，2016），进一步产生基于认知的被信任感知。基于此，本研究提出如下假设：

H1：接受帮助对员工基于认知的被信任感知有正向影响。

2.2　接受帮助与基于情感的被信任感知

与此同时，接受帮助也能提升受助员工基于情感的被信任感知。一方面，Nielsen（2017）在研究中指出，帮助行为对受助者而言并不只是纯粹的工具性支持。他人放下手头的工作来提供帮助，也体现了在遇到工作问题时他人的积极回应和支持，因此帮助往往也伴随着情感性的关心。同事向员工提供帮助，就意味着关心对方工作的进程和现状，并愿意提供支持和帮助，表明了对双方关系质量的信任与认可。基于自我评价理论，同事通过提供帮助释放了与人际价值相关的社会信息和信号，是一种典型的同事情感投资行为，受助员工对自身具有的同事关系和情感价值会产生积极评价。另一方面，在中国这样一个以人际关系为导向的社会中，个体之间的社会交换和互动往往建立在强烈的关系和情感基础上（Farh et al.，1998）。因此，同事提供的帮助也是建立在双方已有的情感关系基础之上，会让受助者认为是对方的情感投资，以及对双方情感关系的认可，表明帮助者相信受助者也会对双方的关系进行投入，继而使得受助者感知到情感上的被信任，提高其基于情感的被信任感知。基于此，本研究提出如下假设：

H2：接受帮助对员工基于情感的被信任感知有正向影响。

2.3　基于认知的被信任感知在接受帮助与任务绩效之间的中介作用

自我评价理论（Gecas，1982；Markus & Wurf，1987）认为，个体对自我重要性、胜任力和人际价值等方面的评估会影响其态度和行为，被信任感知作为个体对自身能力和人际价值的重要评价，对员工具有激励作用，会对员工的工作行为和工作结果产生重要影响。已有的研究表明：感知到被他人信任会正向预测员工的任务绩效和人际公民行为（孙利平等，2018）。但以往研究并没有细分被信任感知的差异，探讨不同的被信任感知对任务绩效和人际公民行为影响的差异。

基于认知的被信任感知是个体感知到他人对自身能力、胜任力以及获取资源等方面的理性信任，是员工获得重要社会信息后对自我的能力相关的认知。一方面，当员工感受到他人对自身的理性信任，会提高对自身能力和重要性的评价，增加解决困难任务的动机，进一步提升自我效能感（Lau et al.，2007），自我效能感的增加使得个体全力以赴完成自己的本职工作，进而提升工作绩效。另一方面，员工接受同事提供的帮助也获得了更多的资源和机会，使个体认为自己得到了认可和尊重，提高了对工作的满意度和组织成员身份感知，因此会对本职工作更加尽责，付出更多时间和精力。因此，当员工接受同事的帮助时，会感知到对方对自己能力的认可，进一步产生认知信任感知。相较于情感信任感知，认知信任感知更多是基于能力和可靠性等与绩效相关的认知和评价，能增加员工努力完成角色内工作的动力（Brower et al.，2009），员工更愿意实现他人的期望并付出额外的努力来提升任务绩效。基于此，本文提出如下研究假设：

H3：基于认知的被信任感知在员工接受帮助与任务绩效之间起中介作用。

2.4　基于情感的被信任感知在接受帮助与人际公民行为之间的中介作用

与基于认知的被信任感知更加强调理性判断不同，基于情感的被信任感知是个体基于情感体验做出的主观判断，而角色外行为则更多由情感驱动（Christensen-salem et al.，2018），因此员工基于情感的被信任感知更可能影响其人际公民行为这一角色外行为。员工接受同事帮助的过程中，感知到了同事对双方情感关系的投入和认可，继而获得基于情感的被信任感知。因此，根据自我评价理论，当个体感知到他人的情感信任时，会积极评价自己在组织中的社会关系和情感价值。为了保持自我评价的一致性，员工会通过从事能够自由裁量的人际公民行为来体现他们在组织中的人际价值以及继续维持良好的社会关系（Lau et al.，2014），包括提供任务导向型的人际公民行为，如帮助同事解决与工作相关的问题，以及提供人际导向型的人际公民行为，如安慰、分享、同情等。基于此，本文提出如下研究假设：

H4：基于情感的被信任感知在员工接受帮助与人际公民行为之间起中介作用。

2.5　宜人性的调节作用

以往研究表明，受助者的个人特征对受助结果会产生重要影响（Nadler & Jeffrey，1986），员工对接受帮助这一行为的解读有可能因受助者特征而异。因此，本研究重点探讨员工宜人性这一显著个体特征在员工接受帮助过程中可能起到的调节作用。宜人性是个体大五人格中的重要维度，反映了个体在与他人互动和交往过程中所表现出来的个性特征和态度。宜人性较高的个体，具有维持和谐、积极人际关系的动机（Graziano，1996），乐意与他人进行交流和互动，更容易信任他人（Wiesenfeld et al.，2001）。同时，基于自我评价理论，宜人性水平较高的个体能在人际交往中获得更多信任和支持，会对他人的行为进行积极解读，倾向于更多的合作，也持有更多积极的信念，更可能感知到他人对自己的信任以及对自身进行积极评价。

因此，宜人性较高的员工接受帮助后，更可能将他人的帮助行为看作积极的人际互动行为，在这一过程中，信任帮助者并感知到与他人的良好关系及合作，将同事的帮助行为看作对自身能力的认可及双方关系的投入，进而产生更高的基于认知和情感的被信任感知，继而增加任务绩效和人际公民行为。而对于宜人性较低的个体来说，他们不太在意与其他同事进行交往以维持良好的人际关系，倾向于对他人的行为动机持怀疑态度，多疑且不友好，因此对他人帮助行为的好意并不领情，较小可能认为他人帮助自己是对自身能力和双方关系的认可，倾向于消极解读与自我相关的社会信息，削弱了接受帮助对其基于认知和情感的被信任感知的积极影响以及从事人际公民行为和提升任务绩效的动机。因此，本文提出如下研究假设：

H5：宜人性调节了员工接受帮助与基于认知的被信任感知之间的正向关系，当员工宜人性高而不是低时，接受帮助与基于认知的被信任感知之间的正向关系更加显著。

H6：宜人性调节了员工接受帮助与基于情感的被信任感知之间的正向关系，当员工宜人性高而不是低时，接受帮助与基于情感的被信任感知之间的正向关系更加显著。

本文的理论模型如图1所示：

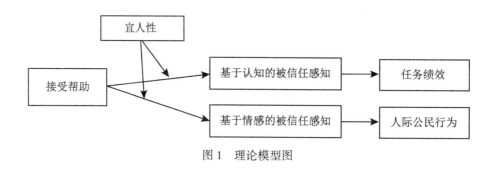

图 1　理论模型图

3. 研究方法

3.1　样本和研究过程

本研究采用三阶段的电子问卷调查法来收集企业员工的数据，以减少共同方法偏差。调查对象均通过网络问卷平台招募，涵盖了信息技术、金融、通讯服务、消费品制造、工业产品制造、基础材料制造等十大不同行业领域，岗位包括研发工程师、产品运营、项目经理、技术支持服务、销售、财务、行政管理、人力资源管理等。在第一阶段问卷调查中（T1），本研究测量了人口统计学变量，如性别、年龄、工作年限、受教育程度等，以及员工的接受帮助和宜人性，共回收了 608 份有效问卷；在第二阶段问卷调查中（T2，第一阶段问卷调查结束一个月后），测量了员工基于认知和情感的被信任感知，共回收了 510 份有效问卷，问卷有效回收率为 84%；在第三阶段问卷调查中（T3，第二阶段问卷调查结束一个月后），测量了员工的任务绩效和人际公民行为。通过员工的编号进行三阶段的数据匹配，最终回收了 354 份有效问卷，问卷有效回收率为 58.2%。在最终得到的 354 份有效样本中，男性占比 48.3%；平均年龄为 31.87 岁（SD = 4.95），平均工作年限为 5.45 年（SD = 2.93），89.3% 以上被试是本科学历及以上。

3.2　测量工具

由于研究中所采用的量表均来源于英文，采用了"翻译—回译"的方法对问卷进行了准确的翻译。问卷均采用 7 点李克特量表，其中 1 代表非常不同意，7 代表非常同意。

（1）接受帮助。本研究采用 Uy 等（2017）编制的 3 题项量表来测量员工的接受帮助，样题如"有同事放下自己手头的事情帮助我""我在工作任务中得到了同事的帮助"等，接受帮助量表的信度为 0.77。

（2）基于认知的被信任感知和基于情感的被信任感知。本研究根据 McAllister（1995）编制的 10 题项量表进行改编来测量员工基于认知和基于情感的被信任感知。基于认知的被信任感知共 5 个题项，样题如"同事认为我会以专业态度和奉献精神来对待工作""同事认为我是一个值得信赖的人"；基于情感的被信任感知共 5 个题项，样题如"同事可以和我自由地分享彼此的想法、感受和愿望""同事可以和我自由地谈论在工作中遇到的困难，并且相信我会乐意倾听"。基于认知的被信任感知和基于情感的被信任感知的量表信度分别为 0.71 和 0.77。

（3）任务绩效。任务绩效的测量采用 Williams 和 Anderson（1991）编制的 7 题项量表，由员工自评。样题如"我能够按时按量完成安排的工作任务""我能够履行工作岗位说明书中的工作职责"。量表信度为 0.77。

（4）人际公民行为。人际公民行为的测量采用 Settoon 和 Mossholder（2002）编制的 16 题项量表，包含人际导向的人际公民行为和任务导向的人际公民行为两个维度。其中人际导向的人际公民行为共 8 个题项，样题如"我会倾听同事们吐露自己的心声""我花时间倾听同事遇到的问题和烦恼"；任务导向的人际公民行为共 8 个题项，样题如"我指导同事完成任务""我花时间给同事解答关于规章制度和程序的困惑"。量表整体信度为 0.96。

（5）宜人性。宜人性的测量采用 Benet-Martínez、Verón 和 John（1998）编制的 9 题项量表，样题如"我友善地对待遇到的每个人""我喜欢与他人合作"。量表信度为 0.67。

（6）控制变量。员工的受教育程度、工作任期、性别等人口统计信息可能会影响员工受助后的心理反应（Chou et al. , 2014；Williamson & O'hara, 2017）以及员工的任务绩效，因此，对受助者的工作年限、性别（0＝男性；1＝女性）和受教育程度（1＝本科以下学历；2＝本科学历；3＝研究生学历；4＝研究生以上学历）进行了控制。

3.3　分析策略

本研究主要用 SPSS20.0 和 MPLUS7.4 进行数据整理和分析。首先，使用 MPLUS7.4 进行验证性因子分析，检验核心变量的区分效度；再使用 SPSS20.0 对各变量的均值、标准差、相关性和信度进行统计分析；最后，使用 MPLUS7.4 对理论模型进行整体检验。

4. 实证结果与分析

4.1　同源方差分析和区分效度检验

本研究采用 Haman 单因素检验，对所研究的变量进行 EFA 探索性因子分析。未旋转的第一个因素解释共变占比为 28.71 %，因此，不存在严重的同源方差问题。

为了检验本研究核心变量之间的区分效度，在对研究假设进行检验之前，对本研究的核心变量进行验证性因子分析。具体的分析结果如表 1 所示，可以看出，与其他因子模型相比，六因子模型拥有最好的模型拟合指数（$X^2 = 1565.22$，$X^2/df = 1.68$，RMSEA = 0.04，CFI = 0.91，TLI = 0.91），表明本研究的 6 个核心变量之间拥有较好的区分效度。

表 1   验证性因子分析结果

模型	χ^2	df	χ^2/df	$\Delta\chi^2$（Δdf）	CFI	TLI	RMSEA	SRMR
六因子模型	1565.22	930	1.68	—	0.91	0.91	0.04	0.06
五因子模型	1988.26	935	2.13	423.04*** （5）	0.85	0.84	0.06	0.06
四因子模型	2007.92	939	2.14	442.7*** （9）	0.85	0.84	0.06	0.06
三因子模型	2117.98	942	2.25	552.76*** （12）	0.83	0.83	0.06	0.07
二因子模型	2298.74	944	2.44	733.52*** （14）	0.81	0.80	0.06	0.07
单因子模型	3166.95	945	3.35	1601.73*** （15）	0.69	0.67	0.08	0.09

注：$N=354$。+代表因子合并，*** 代表 $p<0.001$。

六因子模型：接受帮助、宜人性、基于认知的被信任感知、基于情感的被信任感知、任务绩效、人际公民行为；

五因子模型：接受帮助、宜人性、基于认知的被信任感知、基于情感的被信任感知、任务绩效+人际公民行为；

四因子模型：接受帮助、宜人性、基于认知的被信任感知+基于情感的被信任感知、任务绩效+人际公民行为；

三因子模型：接受帮助+宜人性、基于认知的被信任感知+基于情感的被信任感知、任务绩效+人际公民行为；

二因子模型：接受帮助+宜人性+基于认知的被信任感知+基于情感的被信任感知、任务绩效+人际公民行为；

单因子模型：接受帮助+宜人性+基于认知的被信任感知+基于情感的被信任感知+任务绩效+人际公民行为。

4.2　描述性分析

表 2 列出了本研究人口统计学变量与核心变量的均值、标准差以及相关系数。结果显示：接受帮助与基于认知的被信任感知（$r=0.29$，$p<0.01$）和基于情感的被信任感知（$r=0.42$，$p<0.01$）显著正相关；基于认知的被信任感知与任务绩效（$r=0.32$，$p<0.01$）和人际公民行为（$r=0.37$，$p<0.01$）也显著正相关；基于情感的被信任感知与任务绩效（$r=0.20$，$p<0.01$）和人际公民行为（$r=0.45$，$p<0.01$）均显著正相关；接受帮助与任务绩效（$r=0.12$，$p<0.05$）和人际公民行为显著正相关（$r=0.36$，$p<0.01$）。以上结果为下文探索变量间的关系提供了必要的依据。

表 2   描述性统计分析和相关系数表

变量	均值	标准差	相 关 系 数									
			1	2	3	4	5	6	7	8	9	10
1. 性别	1.52	0.50	1									
2. 年龄	31.87	4.95	-0.09	1								
3. 工作年限	5.45	2.93	-0.12*	0.69**	1							
4. 教育程度	1.72	0.68	-0.16**	0.22**	0.19**	1						
5. 宜人性	4.28	0.0.33	-0.00	0.17**	0.13*	0.14*	1					

变量	均值	标准差	相关系数									
			1	2	3	4	5	6	7	8	9	10
6. 接受帮助	4.20	0.0.96	0.07	0.06	0.10	0.09	0.44**	1				
7. 基于认知的被信任感知	5.66	0.65	−0.05	0.04	0.05	0.06	0.44**	0.29**	1			
8. 基于情感的被信任感知	5.44	0.75	0.03	0.13*	0.08	0.05	0.50**	0.42**	0.68**	1		
9. 任务绩效	5.73	0.71	−0.01	0.06	−0.06	−0.03	0.19*	0.12*	0.32**	0.20**	1	
10. 人际公民行为	4.87	1.07	−0.04	0.09	0.07	−0.05	0.34**	0.36**	0.37**	0.45**	0.39**	1

注：$N=354$，* 代表 $p<0.05$，** 代表 $p<0.01$，*** 代表 $p<0.001$。

4.3　假设检验

本研究采用 MPLUS7.4 验证研究假设，结果如表 3 所示。表 3 结果显示，员工接受帮助对基于认知的被信任感知有着显著的正向效应（$\beta=0.10$，$p<0.01$），接受帮助对基于情感的被信任感知也有着显著的正向效应（$\beta=0.22$，$p<0.001$），因此，假设 H1 和假设 H2 得到了验证。为检验中介效应，本研究采用 Bootstrap 方法，抽样 5000 次。结果显示，接受帮助通过基于认知的被信任感知影响任务绩效的间接效应估计值为 0.04（$SE=0.02$，$p<0.05$），95% 置信区间不包括 0（$LLCI=0.01$，$ULCI=0.09$），因此，假设 H3 得到验证，基于认知的被信任感知的中介效应成立。接受帮助通过基于情感的被信任感知影响人际公民行为的间接效应估计值为 0.08（$SE=0.03$，$p<0.01$），95% 置信区间不包括 0（$LLCI=0.03$，$ULCI=0.15$），因此，假设 H4 得到验证，基于情感的被信任感知的中介效应成立。

由表 3 可以看出，接受帮助与宜人性的交互项（即接受帮助×宜人性）与基于认知的被信任感知显著正相关（$\beta=0.24$，$p<0.05$），假设 H5 得到支持。简单斜率检验表明，当宜人性高时，接受帮助与基于认知的被信任感知显著正相关（$\beta=0.18$，$p=0.001$）；当宜人性低时，接受帮助与基于认知的被信任感知相关不显著（$\beta=0.02$，$p=0.67$）。此外，接受帮助与宜人性的交互项（即接受帮助×宜人性）与基于情感的被信任感知显著正相关（$\beta=0.33$，$p<0.05$），假设 H6 得到支持。简单斜率检验表明，当宜人性低时，接受帮助与基于情感的被信任感知正向关系显著（$\beta=0.12$，$p<0.05$）；当宜人性高时，接受帮助与基于情感的被信任感知的正向关系更加显著（$\beta=0.33$，$p<0.001$）。为了更直观，本研究绘制了交互作用效应图，见图 2 和图 3。

表 3　　　　　　　　　　　　　　　　回归分析结果

自变量	因　变　量							
	中　介　变　量				结　果　变　量			
	基于认知的被信任感知		基于情感的被信任感知		任务绩效		人际公民行为	
	β	SE	β	SE	β	SE	β	SE
控制变量								
性别	−0.09	0.06	0.01	0.07	−0.00	0.07	−0.14	0.09
年龄	−0.00	0.01	0.01	0.01	0.03**	0.01	0.01	0.02
工作年限	−0.00	0.01	−0.01	0.02	−0.05*	0.02	−0.01	0.03
学历	−0.01	0.05	−0.04	0.05	−0.07	0.06	−0.18*	0.08
自变量								
接受帮助	0.10**	0.04	0.22***	0.05	0.03	0.05	0.22**	0.07
调节变量								
宜人性	0.83***	0.13	0.98***	0.13	0.31	0.27	0.15	0.18
交互项								
接受帮助×宜人性	0.24*	0.12	0.33*	0.13				
中介变量								
基于认知的被信任感知	—	—	—	—	0.39***	0.09	0.15	0.12
基于情感的被信任感知	—	—	—	—	−0.10	0.07	0.37***	0.11

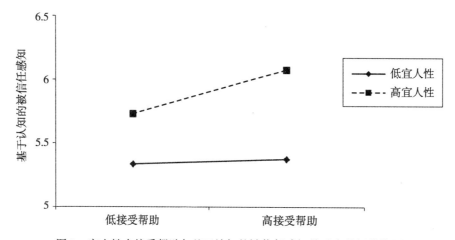

图 2　宜人性在接受帮助与基于认知的被信任感知关系中的调节作用

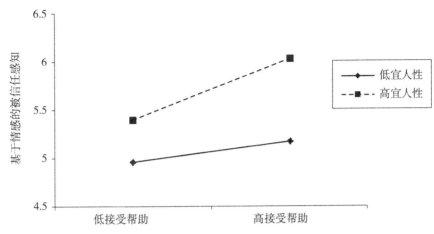

图 3　宜人性在接受帮助与基于情感的被信任感知关系中的调节作用

5. 结论

5.1　研究结论

本研究基于自我评价理论，探讨了组织情境下员工接受帮助对其基于认知和情感的被信任感知的积极作用，及对员工任务绩效和人际公民行为的间接影响，员工宜人性在这一过程中起到调节作用。通过 354 份员工的三阶段有效数据对研究假设进行了验证，结果发现：接受帮助会影响受助员工基于认知的被信任感知继而正向影响员工的任务绩效，也会通过影响受助员工基于情感的被信任感知继而正向影响员工的人际公民行为，宜人性越高的员工接受帮助后获得被信任感所带来的积极效应越强。该研究结果不仅丰富了组织情境下员工受助行为的影响机制和结果研究，也为企业实践提供了一定的指导意义。

5.2　理论贡献

第一，本研究基于自我评价理论，揭示了基于认知和情感的被信任感知在员工接受帮助影响其行为绩效过程中的中介机制，拓展了受助行为积极作用机制的研究。以往帮助领域的相关研究更多是从助人者和求助者的视角出发（Bamberger et al.，2017），相对忽略了受助者视角的研究。而关于受助的积极影响研究，主要探讨了受助者感恩和回报义务感知的中介作用（Lee et al.，2019）。由于不同中介机制的探索和研究有助于理解员工行为背后的动机和认知过程，不少学者呼吁加强受助行为积极影响结果及其作用机制的探讨。作为回应，本研究以自我评价理论为基础，探讨基于认知和情感的被信任感知作为员工接受帮助后的独特心理机制，并进一步证实了基于认知和情感的被信任感知分别对员工的任务绩效和人际公民行为产生积极影响，丰富了组织情境下受助行为积极结果的研究。

第二，本研究探讨了员工宜人性在接受帮助与不同被信任感知的关系中所起的调节作用，找到了接受帮助影响受助者自我评价的边界条件。以往研究表明，对接受帮助具体情境的解读有可能因受助者特征而异，受助者的个人特征对受助结果会产生重要影响，例如员工性别、自尊水平等（Nadler & Jeffrey，1986）。宜人性作为大五人格中重要的一个维度，反映了个体与他人互动过程中所持的态度，这一重要人际特征在员工接受帮助过程中所起的边界作用尚未得到探讨。相对于低宜人性的个体而言，高宜人性的个体与他人维持积极的关系，在接受帮助的过程中乐于进行积极的交流和互动，会产生更多的基于认知和情感的被信任感知，继而付出更多努力从事人际公民行为以及提升任务绩效。

第三，本研究通过探讨接受帮助对员工基于认知和情感的被信任感知的影响，以及不同类型被信任感知对不同员工工作绩效的差异化影响，丰富了人际信任的前因与结果研究。值得一提的是，以往关于人际信任的理论研究中，大多数研究是从信任者的角度出发，而忽略了被信任者的视角，然而，信任和被信任感知经常是相关的但并不一定是等价的（Brower et al.，2009），这使得被信任感知成为一个新兴研究视角。在以往被信任感知的相关研究中，大多数研究聚焦于被信任感知的结果效应，而忽略了被信任感知的前因和作用机制的探讨（孙利平等，2018）。为了回应学者对丰富被信任感知前因、后果与边界条件的呼吁，本文的研究结论表明，员工接受帮助的行为也会对人际信任产生积极作用。此外，尽管已有研究表明，被信任感知会正向影响员工的工作绩效（Farh et al.，1998），但是没有区分不同类型的被信任感知对任务绩效和角色外绩效的差异影响。本研究发现，基于认知的被信任感知是个体对于他人认可自身能力和可靠性的理性评价，会影响个体的任务绩效。基于情感的被信任感知是个体基于情感体验做出的主观判断，更可能影响其人际公民行为这一角色外行为。这一结论对不同类型被信任感知产生的差异影响进行了更加细致深入的探讨，丰富了人际信任的结果研究。

5.3 实践意义

本研究的研究结果对组织和管理者具有重要的实践启示和借鉴意义。在知识经济时代，面临复杂多变的工作环境，员工互助行为对组织具有重要的意义。首先，本研究发现，员工接受同事的帮助有利于建立同事之间的人际信任。人际信任是人际关系质量的重要方面，有利于促进组织的内部协调、员工之间的有效沟通（Fulmer & Gelfand，2012）。这启示组织的管理者应提倡员工之间的互助合作，营造出积极合作、互帮互助的文化氛围。鼓励员工之间共同解决工作中遇到的难题，使得互帮互助成为员工的共识与常态，进而提升同事之间的和谐关系，提高组织的效率。其次，本研究还发现，员工的宜人性会影响员工接受帮助与被信任感知之间的关系，宜人性高的员工接受帮助后会有更高水平的基于认知的被信任感知和基于情感的被信任感知，进而促进员工提高任务绩效和从事人际公民行为。这启示组织中的帮助者应该多帮助宜人性较高的员工，使得帮助行为的积极效果最大化，在招聘员工的过程中也可以通过大五人格测评，招募宜人性较高的员工。再次，有实证研究表明，员工的被信任感知还可以积极影响员工的归属感和满意度（Farh et al.，1998）。最后，管理者可以对员工的帮助行为加以积极引导，使得员工产生被信任感知，进而做出有利于自身任务绩效、人际公民行为以及其他的积极行为。

5.4　研究局限及未来展望

本研究对组织情境下员工接受帮助产生的影响机制和边界条件进行了研究和探讨，存在如下局限，未来研究可以进一步改进和深入探讨。

首先，本研究采用问卷调查法获取员工数据，虽然采用三阶段问卷调查，但所有数据均采用员工自我汇报，因此对于变量间因果关系的解释存在一定的局限性，可能存在一定程度的共同方法偏差。未来研究可以采用实验法和纵向研究以及多来源数据，进一步探讨组织中的员工在接受帮助之后对员工个人和组织的影响。

其次，本研究基于自我评价理论，探讨了员工基于认知和情感的被信任感知在接受帮助与工作绩效之间所起的中介作用，虽然被信任感知可以看作个体对自身能力、可靠性以及人际价值的自我评价，但组织自尊等变量更能直接体现自我评价理论的核心构念，因此未来研究可以继续探讨接受帮助通过受助者被信任感知影响其自尊进而影响工作绩效的链式中介机制。

最后，本研究基于自我评价理论，探讨了员工受助行为过程中员工宜人性所起的调节作用，未来的研究可以进一步探讨其他个体因素以及情境因素的调节作用，从而加深对员工受助行为研究的理解和认识。例如，不少研究发现，受助者的自尊水平会对受助行为的作用效果产生影响，对于自尊水平较高的个体而言，接受同事的帮助会伤害受助者的自尊，损害受助者的面子，给受助者带来消极的影响（Brower et al.，2009），这类员工接受帮助后不一定会产生被信任的感知。此外，情境因素也可能会影响受助员工的被信任感知水平，例如帮助者在帮助过程中的人际公平。

◎ **参考文献**

[1] 孙利平，龙立荣，李梓一．被信任感对员工绩效的影响及其作用机制研究述评 [J]．管理学报，2018，15（1）.

[2] 严洁晶，佐斌．人际公民行为及其前因和结果变量的研究与评价 [J]．管理评论，2010，22（5）.

[3] Bamberger，P. Employee help-seeking：Antecedents，consequences and new insights for future research [J]．Research in Personnel & Human Resources Management，2009，28（28）.

[4] Bamberger，P. A.，Geller，D.，Doveh，E. Assisting upon entry：Helping type and approach as moderators of how role conflict affects newcomer resource drain [J]．Journal of Applied Psychology，2017，102（12）.

[5] Benet-Martínez，V.，John，O. P. Los cinco grandes across cultures and ethnic groups：Multitrait-multimethod analyses of the big five in Spanish and English [J]．Journal of Personality and Social

Psychology, 1998, 75（3）.

［6］ Brower, H. H. , Lester, S. W. , Korsgaard, M. A. , et al. A closer look at trust between managers and subordinates: Understanding the effects of both trusting and being trusted on subordinate outcomes［J］. Journal of Management, 2009, 35（2）.

［7］ Chou, S. Y. , Yang, W. , Han, B. What happens when "younger" helpers meet "older" recipients? A theoretical analysis of interpersonal helping behaviour in Chinese organizations［J］. Journal of Organizational Change Management, 2014, 27（4）.

［8］ Christensen-salem, A. , Kinicki, A. , Zhang, Z. , et al. Responses to feedback: The role of acceptance, affect, and creative behavior［J］. Journal of Leadership & Organizational Studies, 2018, 25（4）.

［9］ Depaulo, B. M. , Brown, P. L. , Ishii, S. , et al. Help that works: The effects of aid on subsequent task performance［J］. Journal of Personality and Social Psychology, 1981, 41（3）.

［10］ Farh, J. L. , Tsui, A. S. , Xin, K. , et al. The influence of relational demography and guanxi: The Chinese case［J］. Organization Science, 1998, 9（4）.

［11］ Fulmer, C. A. , Gelfand, M. J. At what level（and in whom）we trust: Trust across multiple organizational levels［J］. Journal of Management, 2012, 38（4）.

［12］ Gecas, V. The self-concept［J］. Annual Review of Sociology, 1982, 8（1）.

［13］ Gouldner, A. W. The norm of reciprocity: A preliminary statement［J］. American Sociological Review, 1960, 25（2）.

［14］ Graziano, W. G. , Jensen-campbell, L. A. , Hair, E. C. Perceiving interpersonal conflict and reacting to it: The case for agreeableness［J］. Journal of Personality and Social Psychology, 1996, 70（4）.

［15］ Halbesleben, J. R. B. , Wheeler, A. R. To invest or not? The role of coworker support and trust in daily reciprocal gain spirals of helping behavior［J］. Journal of Management, 2015, 41（6）.

［16］ Lau, D. C. , Lam, L. W. , Wen, S. S. Examining the effects of feeling trusted by supervisors in the workplace: A self-evaluative perspective［J］. Journal of Organizational Behavior, 2014, 35（1）.

［17］ Lau, D. C. , Liu, J. , Fu, P. P. Feeling trusted by business leaders in China: Antecedents and the mediating role of value congruence［J］. Asia Pacific Journal of Management, 2007, 24（3）.

［18］ Lee, H. W. , Bradburn, J. , Johnson, R. E. , et al. The benefits of receiving gratitude for helpers: A daily investigation of proactive and reactive helping at work［J］. Journal of Applied Psychology, 2019, 104（2）.

［19］ Markus, H. , Wurf, E. The dynamic self-concept: A social psychological perspective［J］. Annual Review of Psychology, 1987, 38（1）.

［20］ Mcallister, D. J. Affect-and cognition-based trust as foundations for interpersonal cooperation in organizations［J］. Academy of Management Journal, 1995, 38（1）.

［21］ Nadler, A. , Jeffrey, D. The role of threat to self-esteem and perceived control in recipient reaction to help：Theory development and empirical validation ［J］. Advances in Experimental Social Psychology，1986，19.

［22］ Nielsen，M. S. Different but inseparable：The contingent association of instrumental and emotional support ［J］. Journal of Business and Entrepreneurship，2017，28（2）.

［23］ Schaumberg，R.，Flynn，F. J. Differentiating between grateful and indebted reactions to receiving help ［J］. Altruism and Prosocial Behavior in Groups，2009，26.

［24］ Settoon，R. P.，Mossholder，K. W. Relationship quality and relationship context as antecedents of person-and task-focused interpersonal citizenship behavior ［J］. Journal of Applied Psychology，2002，87（2）.

［25］ Spitzmuller，M.，Dyne，L. V. Proactive and reactive helping：Contrasting the positive consequences of different forms of helping ［J］. Journal of Organizational Behavior，2013，34（4）.

［26］ Uy，M. A.，Lin，K. J.，Ilies，R. Is it better to give or receive? The role of help in buffering the depleting effects of surface acting ［J］. Academy of Management Journal，2016，60（4）.

［27］ Wiesenfeld，B. M.，Raghuram，S.，Garud，R. Organizational identification among virtual workers：The role of need for affiliation and perceived work-based social support ［J］. Journal of Management，2001，27（2）.

［28］ Williams，L. J.，Anderson，S. E. Job satisfaction and organizational commitment as predictors of organizational citizenship behavior and in-role behavior ［J］. Journal of Management，1991，17（3）.

［29］ Williamson，J. A.，O'hara，M. W. Who gets social support，who gives it，and how it's related to recipient's mood ［J］. Personality and Social Psychology Bulletin，2017，43（10）.

**Two Heads are Better Than One：Research on the Mechanism of Employees'
Receiving Help and Job Performance from the Perspective of Self-evaluation**

Zhan Yuanfang[1]　Wang Jiaqing[2]　Long Lirong[3]　Huang Shiyingzi[4]

（1　School of Economics and Business Administration，Central China Normal University，Wuhan，430079；

2，3，4　School of Management，Huazhong University of Science and Technology，Wuhan，430074）

Abstract：In the era of the knowledge economy，helping behavior as a kind of pro-social behavior has attracted much attention of scholars. From the perspective of the recipients，this paper explores the self-evaluation mechanisms that employees' receiving help affects their job performance in the organizational context based on the self-evaluation theory，and the moderating role of employee agreeableness in this process. Through the three-stage questionnaire survey data of 354 employees，the results show that：（1）employees' receiving help positively affects their task performance through cognitive-based felt trusted；（2）employees' receiving help positively affects their interpersonal citizenship behavior through affective-based felt trusted; (3) agreeableness positively moderates the relationship between receiving help and cognitive-based felt trusted, as well as affective-based felt trusted; that is, employees with higher agreeableness will have higher cognitive and affective felt trusted when receiving help.

Key words: Receiving help; Affective-based felt trusted; Cognitive-based felt trusted; Job performance; Agreeableness

专业主编：杜旌

珞珈 管理评论

2023 年卷第 2 辑（总第 47 辑）

Luojia Management Review

No. 2, 2023 (Sum. 47)

数字鸿沟与个体创业选择[*]

——基于城乡差异视角

● 温兴琦[1] 覃 谊[2] 彭兰乂[3] 李思敏[4]

（1，2，3，4 武汉大学经济与管理学院 武汉 430072）

【摘 要】随着数字网络技术深入发展，因接入和使用差异造成的数字鸿沟问题愈发凸显，由此带来的信息红利差异对个体创业具有重要影响，然而其影响具有城乡差异的原因尚不明晰。本文结合社会网络理论，利用中国家庭追踪调查（CFPS）2018 年的微观数据探究数字鸿沟对个体创业选择的影响及其城乡异质性的作用渠道，结果表明：数字鸿沟显著抑制个体创业选择，对城乡个体具有不同程度的抑制作用，这是由其中的作用渠道差异造成的，正式融资、社会资本、信息渠道、风险偏好、认知能力是数字鸿沟抑制个体创业的渠道，但数字鸿沟更显著地抑制农村个体的信息渠道、风险偏好和认知能力。因此，政府应继续推进城乡地区互联网覆盖，尤其应注重提升农村居民互联网使用能力，规范和健全农村地区金融借贷服务体系。

【关键词】数字鸿沟 个体创业 城乡差异 社会网络理论

1. 引言

自 2014 年 9 月夏季达沃斯论坛上李克强总理提出"大众创业、万众创新"以来，推进大众创业、万众创新已成为培育和催生经济社会发展新动力的必然选择，鼓励农村地区创业更是推进共同富裕的不二之选。当前，在传统行业遭受疫情冲击、经济增长面临新形势的复杂格局下，互联网行业得到井喷式发展，带动了一批又一批新兴行业创业者，并且互联网本身也是一种重要的创业资源。

* 基金项目：国家社会科学基金重点项目"众创空间培育机制及发展策略研究"（项目批准号：18AGL006）；教育部哲学社会科学研究后期资助项目"企业战略环境调适与企业环境创新研究"（项目批准号：19JHQ092）；深圳市哲学社会科学规划课题"建设全球创新之都背景下进一步促进深圳科技成果转化路径研究"（项目批准号：2021B017）；武汉市社会科学界联合会 2022 年度后期资助课题"数字鸿沟对个体创业选择的影响研究"；柯建东基金（项目批准号：KLJYX20220101C）。

通讯作者：温兴琦，E-mail：bosswenxq@163.com。

然而，受制于城乡经济发展不平衡的事实，农村、城市群体自身和城乡之间尚存在异质化的数字鸿沟，数字鸿沟衡量了个体互联网接入和使用程度的差异，因此，数字鸿沟是否抑制了个体创业选择，该抑制效果又是否存在城乡差异，对该问题的解答兼具现实和理论意义。

随着互联网行业兴起及蓬勃发展，网络进入千家万户，根据中国互联网信息中心（CNNIC）发布的第 49 次《中国互联网络发展状况统计报告》，截至 2021 年 12 月，我国网民规模为 10.32 亿人，互联网普及率为 73.0%。尽管互联网覆盖率已超 70%，但意味着 25% 以上的地区仍存在互联网未接入的问题，并且，对于互联网使用、信息获取能力的差异也将导致数字鸿沟的进一步分化，使人们接收到的信息红利不一致，形成数字不平等。已有研究多从互联网使用方面探讨其如何促进家庭和个体创业，忽略了其背后隐藏的数字鸿沟问题，更鲜有学者从城乡视角出发探讨互联网使用对个体创业的作用差异和渠道差异。此外，对数字鸿沟的研究较缺乏实证分析，数字鸿沟的异质性问题并未得到足够关注。从宏观上看，数字鸿沟可能会导致家庭财富差距的扩大（粟勤和韩庆媛，2021）、城乡收入差距的扩大（谭燕芝等，2017），一些学者认为它是贫困的根源，并使用"数字贫困"来描述该现象（Setthasuravich & Kato，2020；周向红，2016）；从微观上看，数字鸿沟意味着人们在将资产投入通过不同的能力组合变为互联网资本的过程中，具有不同的转化规模和转化率，最终导致个体的红利差异（邱泽奇等，2016）。也就是说，数字鸿沟可能会从各方面阻碍信息红利的发放，导致"马太效应"的产生，使得贫富两极分化愈发严重，阻碍共同富裕的实现。

为此，本文利用中国家庭追踪调查（CFPS）2018 年的微观数据来讨论数字鸿沟对个体创业选择的影响，并探讨该影响的城乡差异及其作用渠道。在排除内生性影响、进行稳健性检验后发现，数字鸿沟显著抑制城乡个体的创业选择，其抑制效果和渠道均具有城乡差异，其中，相比城市个体，数字鸿沟更显著地抑制农村居民个体的信息渠道、风险偏好和认知能力。本文的边际贡献在于：第一，使用从互联网接入度、使用度两个层面构建的数字鸿沟测量指标进行实证分析，弥补了过往研究中以"是否使用互联网"等二值变量作为数字鸿沟测量方法的不足。第二，结合以个体为研究对象的社会网络理论进行分析，为现有互联网与创业结合领域带来了新的研究视角。第三，深入分析数字鸿沟抑制个体创业存在的城乡差异及其原因，从外部融资、社会资本、信息渠道、风险偏好、认知能力五个作用渠道，探究该抑制效果如何形成城乡差异，丰富和拓展了现有的互联网与创业结合领域的研究。

2. 理论分析与假设

2.1 数字鸿沟与个体创业

数字鸿沟（digital divide）在社会学、管理学、传播学领域通常是指个体在互联网或数字技术接入和使用两个方面的差距（Attewell，2001），在含义上比互联网嵌入更为丰富，同时衡量了互联网嵌入的广度与深度。本文研究数字鸿沟对个体创业选择的影响，本质即数字技术与互联网接入和使用对创业的影响。

过去针对数字技术与创业的研究集中于两个方面：第一，是否问题，即互联网使用或嵌入能够促进家庭和个体创业。从创业类型来说，互联网使用可以促进机会型创业（毛宇飞等，2019）、自主型创业（宋瑛等，2021）；从创业对象来说，互联网使用可以促进个体创业、家庭创业（周广肃和樊纲，2018），尤其是农户家庭创业；从创业绩效来说，互联网使用还能提升家庭创业收入等（周洋和华语言，2017）。第二，原因问题，指出互联网促进创业的渠道主要是资源获取，包括社会资本提升、知识和信息获取、外部融资等。如互联网能够促进创业者构建更广阔的社会网络，通过社会网络的结构、内容以更低的成本和风险获得包括信息和知识在内的异质性资源，增强创业活动成功的可能性（杨德林等，2017；汪艳霞和曹锦纤，2020）；创业团队可以通过互联网使用频率增加获取更多创业、商务信息（杨学儒和邹宝玲，2018），提升创业学习的水平（刘玉国等，2016）；互联网使用能通过信息搜寻、社会互动和收入增长显著促进信贷获得和信贷规模（柳松等，2020）。

上述研究多使用以企业为对象的管理学理论进行分析，如资源基础理论、社会资本理论、信息效应理论等，理论贴合度有限。为此，本文尝试结合以个体为研究对象的社会网络理论，探讨数字技术、数字鸿沟如何作用于个体创业。社会网络理论认为，人是嵌入在一定的社会网络结构中的，具有多重、复杂、交叉重叠的社会关系（姚小涛和席酉民，2003），并且网络中的社会关系有强弱之分，关系紧密、经常联结的为强关系，反之为弱关系（Granovetter，1973）。强联结的社会关系中，人与人之间的知识结构、经验背景更相似，所以相比之下，弱关系更能为个体带来异质性的资源与信息（Granovetter，1973）。由于地缘关系和人情社会的发展远早于网络社会，强联结的社会关系往往只在现实生活中形成，构建强社会关系需要付出大量的时间和成本，这意味着对于个体而言，社会网络的强关系是非常有限的，并且拥有强关系的人群彼此相似度可能更高。

数字技术的出现改变了人们建立社会关系的方法。在接入数字技术前，社会网络的扩大被视为依靠强联结开拓弱联结的过程，新的弱社会关系的建立是依仗强社会关系提供的资源和信息渠道，而互联网和数字技术的使用打破了时间和空间的限制，虽然为个体增加强关系的能力有限，但是能够通过提供交际平台、扩大社交圈来显著扩展个体的弱社会关系。这种弱社会关系影响个体创业的渠道包括如下两个方面：第一，社会关系本身就是一种社会资本，包含一种人与人之间的情感链接关系，创业者可以通过这种包含信任、亲密等情感的链接获取直接和间接的资源，包括客户、投资者等；第二，弱社会关系意味着个体间的知识结构、经验背景相对不同，可以为个体带来大量异质性的知识和资源，包括与创业紧密相关的借贷信息等，进一步还能通过关系联结对隐性的知识进行传递和吸收（王平，2006），使创业者通过信息获取缓解信息不对称、通过知识学习提升人力资本。此外，通过学习、吸收和消化，创业者个体相对固化的能力和维度也可能被改变，如风险偏好和认知能力。以风险偏好为例，当创业者通过社会关系了解到更多的创业信息、学习更多创业知识后，风险偏好和对创业的认知可能改变，促进创业意愿。

相反，数字鸿沟衡量了个体相较于其他人使用互联网的能力，数字鸿沟指数越大，则个体数字接入和使用水平越低，仍旧通过现实中的强社会关系来开拓弱关系，难以借助互联网和数字技术来打破空间距离、扩展自身的社会网络。因此，相较之下，数字鸿沟指数更高的个体的创业意愿可能更低：一方面，他们仍然拥有现实生活中的强社会关系网，但是该强关系也意味着彼此间存在资源冗余，能够利用的信息和资源是有限的；另一方面，发展弱社会关系受到地理条件的限制，通过弱社会关系获得的异质性知识和资源更少，尤其是对于创业有帮助的创业信息、融资信息、知识和能力等更少，不利于个体借助社会关系来吸收知识、资源促进创业。基于上述分析，本文提出以下假设：

H1：数字鸿沟抑制个体创业选择。

2.2 数字鸿沟对个体创业影响的城乡差异

数字鸿沟对个体创业的抑制作用还可能存在城乡差异。这首先是因为数字鸿沟水平本身存在城乡差异（刘骏和薛伟贤，2012）。当下，我国虽然推出"宽带中国"数字化建设战略，但是由于城乡经济发展不平衡的特点，城镇数字化水平远高于农村数字化水平，总体来看，中国城乡之间存在明显的数字鸿沟。

其次，城镇和农村个体创业的特点也存在显著差别，可能导致数字鸿沟对创业的影响存在城乡差异。从创业类型和经营范围来说，城镇个体创业的经营范围大于农村，其创业收入依赖流动性更高的市场，相对地，农村创业者则更依赖熟人市场（刘银等，2021），因此对于两者来说，数字鸿沟抑制个体弱社会关系带来的创业意愿影响可能不一致。从市场渠道来说，互联网平台的使用可以打通相对闭塞的农村传统商品交易方式，拓宽商品交易的地域和空间，数字鸿沟则阻碍了个体通过发掘潜在用户、提高创业意愿的过程，城乡商品交易方式的不同也使得数字鸿沟产生不同的影响。从融资渠道来说，农村创业者由于具有紧密的邻里社会关系，同时相对欠缺银行借款所需的信用担保和信任评估（张博等，2015），往往更倾向于亲友借贷，而城镇经济发展水平高，拥有更完善的金融借贷机制，创业者则可能更倾向于银行借款，为此，数字鸿沟对于借贷信息和社会资本的抑制可能分别对城乡创业者产生不同影响。

总的来说，由于城市和农村个体创业各自具有其特性，对信息、资金、社会关系的需求不同，故受到数字鸿沟的影响也不同。但是，由于我国城乡仍保持明显的二元结构，平均而言，城市个体的开放性意识更高、有更高的人力资本、可及性更强的融资渠道、更多可获取的创业信息等等，可以说创业优势和意愿相对较高；比起农村个体，城市个体对于互联网和数字技术实现自我提升及资源强化的需求相对较小，故其创业选择受到数字鸿沟的影响也相对较弱。据此，本文提出以下假设：

H2：数字鸿沟对个体创业选择的影响具有城乡差异，对农村居民个人创业选择的抑制作用更强。

综上所述，本文的逻辑框架如图 1 所示。

3. 研究设计

3.1 数据来源

本文采用来自北京大学中国社会科学调查中心（ISSS）的中国家庭追踪调查（China Family

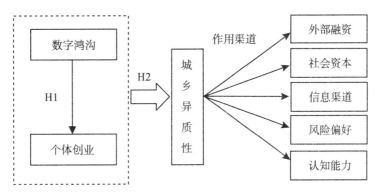

图 1 "数字鸿沟对个体创业的影响"逻辑框架

Panel Studies，CFPS）最新的 2018 年数据①。CFPS 是一项全国性、综合性的社会追踪调查项目，其基线样本覆盖 25 个省/市/自治区，代表了中国 95% 的人口，其提供的数据已经成为研究中国家庭最主要的数据来源。由于本文的研究对象为个体，需要获取其在家庭层面的控制变量，故将 CFPS2018 年的成人问卷和家庭问卷进行合并，考虑到本文研究的被解释变量是个体创业选择，剔除个体年龄在 16 岁以下、65 岁以上的样本，并剔除少量家庭净资产为负的样本和关键变量缺失的样本，共得到个体观测值 15910 个。

3.2 变量测量

3.2.1 自变量

数字鸿沟广义上是指能够充分获得信息通信技术（ICT）的人与无法获得 ICT 的人之间的差距（Soomro et al.，2020），该不平等是相对的。以往的研究多用"是否使用手机/电脑上网"等二值选择问题来衡量数字鸿沟，但互联网接入和普及只是数字鸿沟的基本形态，且已随着互联网基础设施的发展而逐渐缩小（邱泽奇等，2016），因此有学者认为，数字鸿沟应分为接入沟、使用沟来看待，使用沟作为二级数字鸿沟反映了互联网使用（Luo & Chea，2018）和数字技能差异（Welser et al.，2019）导致的数字不平等（DiMaggio et al.，2004）。

基于此，本文摒弃了传统的以二分法来衡量一级和二级数字鸿沟的做法，借鉴张要要（2022）的做法，使用 CFPS 问卷中成人问卷，用"是否移动上网""是否电脑上网"两个问题衡量接入沟，用"使用互联网学习的频率""使用互联网娱乐的频率""使用互联网社交的频率""使用互联网工作的频率""使用互联网商业活动的频率"五个问题来衡量使用沟。具体来说，首先将衡量使用沟的五道题目反向重新编码为 0~6 分，即得分越高，互联网使用频率越高，并将七道题目进行中心化、

---

① 数据来源：北京大学中国社会科学调查中心. 中国家庭追踪调查，https：//doi.org/10.18170/DVN/45LCSO，北京大学开放研究数据平台，V42.

标准化处理。其次，对中心化、标准化后的数值进行 KMO 球形检验，显示 KMO 值为 0.899，大于临界值 0.6，可以进行因子分析。再进行主成分分析，手动提取累计方差贡献率大于 70% 的 2 个成分（累计方差贡献率为 80.57%），并依照其占提取的累计方差贡献率的贡献比进行加权求和，即得到个体互联网接入和使用度数值。最后，用所有值中的最大值减去每个个体互联网接入和使用度数值，得到数字鸿沟指数。

3.2.2 因变量

本文研究个体层面的创业选择，这是因为创业可以看作个体的职业选择，从事创业活动的个体可被称为创业者（Xavier-Oliveira，2015）。因此，本文与张开迪等（2018）研究个体居民创业的文章保持一致，将 CFPS 成人问卷中回答工作类型为"私营企业/个体工商户/其它自雇"的个体定义为选择创业，赋值为 1，工作类型为"受雇/自家农业生产经营/农业打工/非农散工"的回答赋值为 0。

3.2.3 控制变量

本文选取个体层面和家庭层面的控制变量来避免遗漏变量对结果的影响，并控制省份固定效应。其中，个体层面和家庭层面控制变量来自 CFPS2018 成人和家庭问卷。

参考以往研究，个体层面的控制变量包括年龄、年龄的平方、性别、婚姻、户口、受教育程度、是否党员、健康状况、外向性和开放性，家庭层面的控制变量包括家庭净资产、家庭成员数、城乡地区、房屋产权。其中，家庭成员数以 CFPS 家庭问卷中"同灶吃饭人数"来衡量，而不用家庭人口规模来衡量，理由是同灶吃饭的家庭成员人数更能反映决定家庭日常开支的人口规模。

主要变量定义见表 1。

表 1 主要变量定义

属性	变量名称	变量符号	变量定义
自变量	数字鸿沟	Digital_divide	测量的数字鸿沟指数
因变量	个体创业	Entrepreneurship	个体创业为 1，否则为 0
个体控制变量	年龄	age	个体 2018 年的年龄
	年龄的平方	age_square	年龄的平方数/100
	性别	gender	男性为 1，女性为 0
	婚姻	spouse	已婚为 1，否则为 0
	户口	hukou	农业户口为 1，否则为 0
	受教育程度	edu	个体 2018 年已完成的最高学历，文盲/半文盲、小学、初中、高中、大学及以上分别赋值为 0~4
	是否党员	party	党员为 1，否则为 0

属性	变量名称	变量符号	变 量 定 义
个体控制 变量	健康状况	health	不健康、一般、比较健康、很健康、非常健康分别赋值为 0~4
	外向性	extroversion	问卷中关于外向性的三个问题得分取平均值
	开放性	openness	问卷中关于开放性的三个问题得分取平均值
家庭控制 变量	家庭净资产	lntotal_asset	个体家庭净资产的对数
	家庭成员数	lnfp2	同灶吃饭人数的对数
	城乡地区	urban	家庭所在地区为城镇为 1，乡村为 0
	房屋产权	house	房屋产权归属家庭成员所有为 1，否则为 0

3.3　模型设定

由于本文的被解释变量"个体创业"为二值虚拟变量，故采用 Probit 模型回归，具体模型如下：

$$\text{Prob}（\text{Entrepreneurship}_i = 1）= \beta_0 + \beta_{1i}\text{Digital\_divide}_i + \beta_{2i}X_i + e_{1i} \tag{1}$$

其中，$\text{Entrepreneurship}_i$ 为个体 i 是否进行创业的二值虚拟变量，个体创业为 1，否则为 0。Digital_divide_i 表示个体 i 的数字鸿沟指数，β_{1i} 为其待估系数。X_i 为个体和家庭层面的控制变量，β_{2i} 为其待估系数，β_0 为常数项，e_i 为扰动项。考虑到同省内个体具有一定的相关性，本文还对标准误进行了省级层面的聚类调整。

在进行机制检验时，目前文献普遍采用中介效应模型，但基于江艇（2022）的研究，中介变量的选取很可能不具有随机性，导致中介效应的统计推断结果偏误较大，不应滥用中介效应的逐步检验法。故本文采纳其建议，在机制分析中首先从理论上阐述作用渠道 M 对被解释变量个体创业的直接且显然的影响，然后检验解释变量数字鸿沟对渠道 M 的影响，采用以下模型：

$$\text{Prob}（M_i = 1）= \beta_0 + \beta_{3i}\text{Digital\_divide}_i + \beta_{4i}X_i + e_{2i} \tag{2}$$

若渠道代理变量 M 为连续型变量，则采用以下模型：

$$M_i = \beta_0 + \beta_{5i}\text{Digital\_divide}_i + \beta_{6i}X_i + e_{3i} \tag{3}$$

如果 β_{3i} 和 β_{5i} 在统计上显著，则认为变量 M_i 是数字鸿沟影响个体创业的作用渠道之一。

4. 回归分析

4.1　相关性与描述性统计分析

各变量描述性统计分析如表 2 所示，相关性分析如表 3 所示。

表 2 描述性统计 结果

变量	Variable	观测值	均值	标准差	最小值	最大值
个体创业选择	Entrepreneurship	15910	0.117	0.321	0	1
数字鸿沟	Digital_divide	15910	3.799	1.822	0	5.512
性别	gender	15910	0.521	0.500	0	1
年龄	age	15910	43.44	12.39	16	65
年龄的平方	age_square	15910	20.407	10.687	2.56	42.25
是否党员	party	15910	0.0129	0.113	0	1
户口	hukou	15910	0.792	0.406	0	1
婚姻	spouse	15910	0.850	0.357	0	1
受教育程度	edu	15910	1.808	1.270	0	4
健康状况	health	15910	2.060	1.196	0	4
外向性	extroversion	15910	3.323	0.695	1	5
开放性	openness	15910	3.162	0.853	1	5
家庭成员数	lnfp2	15910	3.716	1.841	1	21
家庭总资产	lntotal_asset	15910	748906	1.790e+06	0	5.046e+07
房屋产权	house	15910	0.840	0.366	0	1
城乡地区	urban	15910	0.480	0.500	0	1

由表 2 可知，样本中创业人数占比仅为 11.7%，反映了人们普遍的就业情况，数字鸿沟均值不大，但分布呈现两级分化，说明互联网和数字技术的接入与使用在人群中差异较大。该样本的城乡、男女、年龄分布都较为均衡，党员人数较少，个体受教育程度均值较高，但个体间差异较大，拥有城市户口的个体多，85%的个体处于已婚状态，健康自评状况位于中等水平。个体的家庭成员数差异不大，少数家庭成员数值远高于均值。

表 3 的相关性分析显示，数字鸿沟指数与个体创业选择的皮尔逊相关系数在 1%水平上显著，这初步为本文的假设 H1 提供了支持，此外，所有变量两两间的皮尔逊相关系数均小于 0.7，处于合理范围内。

4.2 主效应回归结果

本文使用 Stata15.1 软件进行回归分析，结果如表 4 所示。其中，表 4 列（1）为数字鸿沟对全样本的个体创业及其个体、家庭控制变量回归，列（2）表示其回归的边际效应，列（4）（6）同样如此。表 4 列（3）（4）分别为数字鸿沟对农村个体样本的个体创业的回归系数和边际效应结果，列（5）（6）分别为数字鸿沟对城市个体样本的个体创业的回归系数和边际效应结果。结果显示，在包含个体、家庭层面控制变量后，数字鸿沟对个体创业的影响始终在 1%水平上显著为负，且观察

表 3

相关性分析

变量	1	2	3	4	5	6	7	8	9	10	11	12	13	14	15	16	17	18
Entrepreneurship	1																	
Digital_divide	-0.099***	1																
age	-0.052***	0.602***	1															
gender	0.026***	-0.090***	-0.005	1														
spouse	0.047***	0.205***	0.459***	-0.062***	1													
edu	0.055***	-0.651***	-0.409***	0.107***	-0.191***	1												
hukou	-0.035***	0.275***	-0.037***	-0.004	0.008	-0.375***	1											
party	-0.020***	-0.109***	-0.070***	0.029***	-0.038***	0.117***	-0.050***	1										
health	0.024***	-0.183***	-0.323***	0.083***	-0.130***	0.170***	0.013**	0.052***	1									
openness	0.029***	-0.169***	-0.117***	0.073***	-0.102***	0.119***	-0.017***	0.034***	0.141***	1								
extroversion	0.019***	0.027***	0.041***	0.033***	0.005	-0.028***	0.032***	-0.005	0.080***	0.227***	1							
house	-0.033***	0.162***	0.120***	-0.011*	0.091***	-0.108***	0.052***	-0.010	-0.017***	-0.017***	0.005	1						
urban	0.111***	-0.265***	-0.057***	-0.005	-0.027***	0.311***	-0.437***	0.028***	0.025***	0.007	-0.023***	-0.149***	1					
lntotal_asset	0.136***	-0.335***	-0.039***	-0.005	0.046***	0.317***	-0.332***	0.034***	0.048***	0.044***	0.008	-0.064***	0.368***	1				
lnfp2	0.048***	0.034***	-0.039***	-0.048***	0.218***	-0.066***	0.036***	-0.016***	0.030***	-0.029***	0.000	0.194***	-0.044***	0.114***	1			
east	0.018***	-0.101***	0.039***	-0.001	0.012*	0.119***	-0.103***	0.004	0.009	-0.027***	-0.003	-0.092***	0.142***	0.243***	-0.055***	1		
west	-0.054***	0.103***	-0.061***	0.013**	-0.039***	-0.168***	0.169***	0.001	-0.002	0.070***	0.034***	0.036***	-0.189***	-0.215***	0.054***	-0.554***	1	
middle	0.036***	0.003	0.021***	-0.013***	0.027***	0.045***	-0.062***	-0.005	-0.007	-0.042***	-0.031***	0.062***	0.040***	-0.040***	0.004	-0.510***	-0.433***	1

注：*、**、***分别表示在10%、5%、1%水平上显著。

Probit 模型的边际效应，数字鸿沟指数每增加 1 个单位，个体选择创业的概率下降 1.2%，这些都验证了本文的假设 H1。

表 4 数字鸿沟与个体创业：基准回归结果

变量	全样本		农村样本		城市样本	
	（1）	（2）	（3）	（4）	（5）	（6）
	Entrepreneurship	Entrepreneurship	Entrepreneurship	Entrepreneurship	Entrepreneurship	Entrepreneurship
Digital_divide	−0.0676 ***	−0.012 ***	−0.136 ***	−0.018 ***	−0.0324 **	−0.007 *
	（0.0147）	（−0.0028）	（0.0194）	（0.0027）	（0.0151）	（0.0037）
age	0.0573 ***	0.011 ***	0.0437 **	0.006 **	0.0747 ***	0.018 ***
	（0.00866）	（0.0018）	（0.0178）	（0.0025）	（0.0118）	（0.0029）
age_square	−0.0728 ***	−0.013 ***	−0.0586 ***	−0.008 ***	−0.0920 ***	−0.022 ***
	（0.0103）	（0.0021）	（0.0194）	（0.0028）	（0.0160）	（0.0039）
gender	0.134 ***	0.024 ***	0.123 **	0.015 **	0.117 ***	0.027 ***
	（0.0322）	（0.0064）	（0.0496）	（0.0065）	（0.0430）	（0.0104）
spouse	0.243 ***	0.046 ***	0.260 ***	0.036 ***	0.221 ***	0.051 ***
	（0.0477）	（0.0092）	（0.0879）	（0.0124）	（0.0775）	（0.0185）
edu	−0.0461 ***	−0.007 **	0.0517 **	0.009 ***	−0.117 ***	−0.027 ***
	（0.0161）	（0.0030）	（0.0233）	（0.0033）	（0.0200）	（0.0050）
hukou	0.0904	0.015	0.00473	0.003	0.0400	0.007
	（0.0658）	（0.0124）	（0.133）	（0.0179）	（0.0601）	（0.0146）
party	−0.512 ***	−0.094 ***	−0.436 **	−0.064 ***	−0.547 ***	−0.123 **
	（0.128）	（0.0243）	（0.172）	（0.0238）	（0.208）	（0.0491）
health	−0.00441	−0.001	−0.0202	−0.002	−0.00478	−0.001
	（0.0152）	（0.0029）	（0.0160）	（0.0021）	（0.0228）	（0.0054）
openness	0.0478 **	0.008 **	0.0220	0.001	0.0800 ***	0.019 ***
	（0.0191）	（0.0037）	（0.0252）	（0.0039）	（0.0237）	（0.0055）
extroversion	0.0623 ***	0.011 ***	0.0332	0.004	0.0718 ***	0.016 ***
	（0.0173）	（0.0032）	（0.0311）	（0.0039）	（0.0268）	（0.0062）
house	−0.101 ***	−0.016 **	−0.165 ***	−0.020 ***	−0.0782 *	−0.013
	（0.0381）	（0.0069）	（0.0480）	（0.0063）	（0.0440）	（0.0108）
urban	0.286 ***	0.054 ***				
	（0.0570）	（0.0099）				

续表

变量	全样本		农村样本		城市样本	
	（1）	（2）	（3）	（4）	（5）	（6）
	Entrepreneur ship	Entrepreneur ship	Entrepreneur ship	Entrepreneur ship	Entrepreneur ship	Entrepreneur ship
lntotal_asset	0.147***	0.026***	0.154***	0.022***	0.154***	0.031**
	（0.0404）	（0.0091）	（0.0342）	（0.0049）	（0.0465）	（0.0144）
lnfp2	0.105***	0.019***	0.0521	0.005	0.109***	0.028***
	（0.0335）	（0.0057）	（0.0449）	（0.0059）	（0.0414）	（0.0090）
_cons	−8.107***		−7.832***		−4.764***	
	（0.604）		（0.639）		（0.658）	
样本量	15910		8276		7634	

注：*、**、*** 分别表示估计结果在10%、5%、1%水平上显著，括号内为省级聚类稳健标准误。

同时，分城乡样本回归结果显示，数字鸿沟显著抑制农村和城市样本的个体创业选择，个体创业的系数分别在1%、5%水平上显著为负。由于二者系数均为负，为验证假设 H2 中数字鸿沟抑制个体创业选择的城乡差异性，本文采用连玉君和廖俊平（2017）的方法，使用似无相关（SUR）方法对回归后组间系数差异进行检验，这是因为 SUR 放松了传统的邹检验（Chow test）对所有控制变量组间系数一致、干扰项同分布的严格要求，适用于本文模型。SUR 检验的 p 值为 0.0000<0.05，可以认为在 95% 的置信水平下，数字鸿沟抑制个体创业选择的效应在城乡样本中具有显著差异性，相比城市个体，数字鸿沟更显著地抑制农村个体的创业选择。但是，数字鸿沟对城乡样本个体创业的抑制效果为何会有不同，是否其中渠道在产生作用，又是哪些作用渠道造成了这些城乡差异，这些问题有待进行进一步的分析。

除主效应回归结果外，考察全样本回归中的控制变量，年龄对个体创业选择的影响呈现倒 U 形，即随着年龄增大，个体选择创业的意愿先增强后削弱，年龄的增大在初期能够为个体带来更多生活经验和人脉，但是越来越高的年龄也可能会伴随身体素质的下降和承担风险意愿的衰退。男性个体相比女性更愿意进行创业，可能是男性拥有更高的风险偏好和抗风险能力等，与社会现象和既往研究的结果一致。个体已婚将促进创业，可能是因为已婚的个体承担来自"养家糊口"的生活压力，此外，个体已婚后生活状况可能相对稳定，允许其承担一定的创业风险。而城市个体的受教育程度越高，创业意愿越低，这可能是因为本文对于个体创业的定义是私营企业、个体工商户、其它自雇，而受教育程度越高，个体越能通过高学历获得一份优良、稳定的工作，而不必从事风险性相对较高的创业；反之，对于农村个体而言，受教育程度显著促进创业，可能是因为农村个体面对的就业面较狭窄，而更高的人力资本和技能能够促进创业致富、带动创业。个体是党员、拥有更高的智力水平，也能促进创业意愿。与既往研究保持一致，开放、外向的人格特质有助于个体创业，但在本文样本中这一效应只在城市样本中显著。

从家庭层面控制变量来看，家庭总资产、家庭成员数显著促进个体创业，这可能是由于创业所需的外部融资较多，家庭总资产可以一定程度缓解外部融资约束（倪云松，2022），对创业的促进作用大于创业机会成本的阻碍（孙国锋等，2021）；而家庭成员数越多，可能拥有更大的人脉关系网，抗风险能力越强（刘银等，2021）。而农村家庭拥有完全产权的房产显著抑制个体创业，可能是没有房产的个体更倾向于通过创业打拼来获得更好的生活条件，而拥有房屋产权的个体生活条件相对更稳定。

4.3 内生性检验

虽然本文的基准回归初步证实了数字鸿沟对个体创业的抑制作用，但由于本文使用的是截面数据，该结果仍可能具有反向因果和遗漏变量的问题，即个体选择创业后可能加强了对互联网的应用学习，从而减少了自身数字鸿沟；此外，还可能存在本文控制的诸多变量以外的一些不可观测的遗漏变量。为解决上述问题，本文参考既往研究，选取家庭每月邮电通信费（contact）作为工具变量进行内生性检验，选择该工具变量的原因是：首先，家庭每月邮电通信费越多，上网的时间可能越多，即家庭每月邮电通信费影响个体数字鸿沟水平；其次，没有直接证据表明，家庭每月邮电通信费能影响个体创业选择。由于可能的内生变量数字鸿沟为连续变量，本文利用工具变量，采用 IV Probit 模型对全样本进行检验。

内生性检验的回归结果见表 5，第一阶段回归结果表明，家庭邮电通信费对个体数字鸿沟水平的影响在 1% 水平上显著为负，即家庭每月邮电通信费越多，个体数字鸿沟水平越低。一阶段的 F 值和弱工具变量检验结果（AR 和 Wald 检验的 p 值均小于 0.05）进一步表明，家庭每月邮电通信费不是弱工具变量，在使用工具变量后，数字鸿沟对个体创业水平的系数仍在 1% 水平上显著为负，表明本文的主要结论在控制内生性问题后依然稳健。同样，本文也用工具变量对城乡子样本进行了内生性检验，结果同上，限于篇幅，该结果不再展示。

表 5   **内生性检验：工具变量法**

变量	工具变量：contact	
	（1）第一阶段	（2）第二阶段
	Digital_divide	Entrepreneurship
contact	−0. 0003 ***	
	（0. 0000）	
county_use		
Digital_divide		−1. 316 ***
		（0. 3093）
一阶段 F 值	1337. 51	

续表

变量	工具变量：contact	
	（1）第一阶段	（2）第二阶段
	Digital_divide	Entrepreneurship
内生性检验 p 值	0.0000	0.0000
Controls	Yes	Yes
样本量	15783	15783

注：*、**、***分别表示估计结果在10%、5%、1%水平上显著，括号内为省级聚类稳健标准误。

4.4　稳健性检验

本文通过三种途径来检验主效应的稳健性。首先，本文参考陈晓洁等（2022）的研究，改用是否手机或电脑上网来衡量数字鸿沟（Digital_divide2），对两个题项各赋50%权重，回归结果如表6列（1）所示，是否手机或电脑上网在1%水平上显著促进个体创业。其次，鉴于本文的被解释变量个体创业选择为二值变量，将主效应回归分析的模型从Probit模型改为Logistics模型，回归结果如表6列（2）所示，仍然得出数字鸿沟在1%水平上显著抑制个体创业选择的结论。最后，本文将数字鸿沟这个连续型变量作1%缩尾处理后进行Probit回归，如表6列（3）所示，结果不变。因此，本文主效应结果与前述实证结果一致，较为稳健。同样，本文也对城乡子样本进行了上述三种稳健性检验，结论不变，限于篇幅，该结果不再展示。

表6　　　　　　　　　　　　　　　　　稳健性检验

变量	Entrepreneurship		
	（1）	（2）	（3）
	替换测量方法	Logistics 回归	1%缩尾处理
Digital_divide2	0.2654***		
	（0.0530）		
Digital_divide		−0.125***	−0.0742***
		（0.0304）	（0.0145）
Controls	Yes	Yes	Yes
_cons	−8.203***	−8.685***	−7.664***
	（0.690）	（1.128）	（0.620）
样本量	15910	15910	15749

注：*、**、***分别表示估计结果在10%、5%、1%水平上显著，括号内为省级聚类稳健标准误。

本文使用的解释变量数字鸿沟是将"接入沟"与"使用沟"的题项答案进行因子分析复合形成的指标，理论上已经同时包含了互联网接入与使用两个方面的信息，但是，为了验证一级的接入沟和二级的使用沟是否都对个体创业造成影响，本文分别使用了互联网接入与使用情况两个变量进行主效应回归，其中，互联网接入（I_access）为虚拟变量，表示个体是否用电脑或手机其中任一种方式上网，互联网使用（I_use）为用问卷中关于互联网使用的五个题项进行标准化处理、因子分析的得分，回归结果如表 7 所示，依然稳健。但由于衡量互联网的接入沟和使用沟的得分量纲不一致，无法对接入沟、使用沟、数字鸿沟指数的差异进行比较。通过结果也可以看出，个体互联网或数字技术的使用差异能够对个体创业造成显著影响，考虑个体间的数字鸿沟不能只是简单地通过是否使用互联网来衡量。

表 7   互联网接入和使用与个体创业

变量	全样本		农村样本		城市样本	
	（1）	（2）	（3）	（4）	（5）	（6）
	Entrepreneurship	Entrepreneurship	Entrepreneurship	Entrepreneurship	Entrepreneurship	Entrepreneurship
I_access	0. 3001 ***		0. 3468 **		0. 2453 ***	
	(0. 0467)		(0. 0527)		(0. 0714)	
I_use		0. 0761 ***		0. 1490 ***		0. 0380 ***
		(0. 0159)		(0. 0205)		(0. 0156)
Controls	Yes	Yes	Yes	Yes	Yes	Yes
样本量	15910	15910	8276	8276	7634	7634

注：＊ 、＊＊ 、＊＊＊ 分别表示估计结果在 10%、5%、1%水平上显著，括号内为省级聚类稳健标准误。

5. 进一步分析：城乡差异的机制检验

探讨数字鸿沟是通过何种渠道抑制个体创业，以及何种渠道造成了数字鸿沟抑制个体创业的城乡差异性，对于缓解数字鸿沟带来的负面影响、促进创新创业、改善城乡二元结构和推进共同富裕具有重要意义。本文首先结合社会网络理论，通过文献梳理，从理论上探讨可能存在的作用渠道，然后通过式（2）所示的机制检验模型来进行验证。

5.1 外部融资

首先，创业资金作为一种物质资本，是创业者进行创业活动的前提条件和必要条件，其来源包括自有资金和借贷资金等。在整个创业过程中，外部融资都可以为创业者提供充裕的资金支持，使企业具有更好的发展前景和效用（Bianchi，2012），这对创业者来说是额外的加成。尤其是对于早期创业阶段来说，从创业想法、创意产生到产品市场化的飞跃中，创业者面临漫长的等待时间和高度的不确定性，充分的外部融资能够在覆盖前期研发投入、增强创业者信心方面发挥重要作用。其次，对于家庭财富较少、缺乏自有资金的创业者而言，外部融资更为重要，这是因为丰富的融资渠道和充足的外部融资能够提高创业资本，使得一部分创业资本处于边界条件的创业者们最终选择进行创业。相反，融资受到约束则会抑制个体选择创业，许多学者研究融资约束对家庭创业选择的影响发现，融资约束可能会限制资本不足的潜在企业家获取外部融资，是抑制潜在企业家选择创业的最主要障碍之一。

数字鸿沟大，说明个体相对利用互联网和数字技术的能力差，不能更好地利用这一信息传播的工具带来更多融资信息，一方面，数字鸿沟减少了创业者的信息来源，如网络和弱社会关系带来的正规融资的资讯和要求，加剧信息不对称；另一方面，数字鸿沟阻碍了个体发展更广阔的社交网络和借贷网络，使得个体直接通过亲朋好友等渠道融资的可能性降低。因此，数字鸿沟指数越高，越有可能导致创业者面临信息不对称和狭窄的借贷网络，抑制其创业动机。此外，城乡居民的融资环境有一定差异，城市中银行网点的分布更密集、相关宣传的可达性更高，故居民获取借贷要求更容易；乡村中银行网点覆盖不够全面，居民整体的金融素养较低、感知借贷需求和达到相关要求更困难，产生了包括鞋底成本在内的更高融资成本，这可能会导致数字鸿沟通过抑制城乡个体外部融资来抑制创业的效果存在差异。

为检验外部融资是否数字鸿沟影响个体创业的渠道及其是否存在城乡差异，将外部融资分为正式融资（Formal_c）和非正式融资（Informal_c）两部分，正式融资指的是向正规金融机构申请的贷款等，非正式融资的来源则包括亲戚、朋友、其他个体和民间金融组织等。与以往研究保持一致，本文用 CFPS 问卷中"是否有待偿银行贷款"题项来测量正式融资，用"是否有待偿亲友贷款"来测量非正式融资，二者均为二值虚拟变量，机制检验的结果如表 8 所示。

表8　　　　　　　　　　　　　　　　**外部融资的机制检验**

变量	全样本		农村	城市	农村	城市
	（1）	（2）	（3）	（4）	（5）	（6）
	Formal_c	Informal_c	Formal_c	Formal_c	Informal_c	Informal_c
Digital_divide	-0.0742^{***}	-0.0140	-0.0799^{***}	-0.0662^{***}	-0.0029	-0.026
	（0.0226）	（0.0142）	（0.0167）	（0.0168）	（0.0157）	（0.0164）
Controls	Yes	Yes	Yes	Yes	Yes	Yes
样本量	15906	15900	8275	7631	8269	7631

注：*、**、*** 分别表示估计结果在10%、5%、1%水平上显著，括号内为省级聚类稳健标准误。

表 8 列（1）（3）（4）汇报了正式融资作为数字鸿沟影响个体创业渠道的检验，结果显示，数字鸿沟能通过抑制正式融资来抑制个体创业。从信息获取的角度来说，不难理解，个体的数字鸿沟

水平越高，则通过互联网搜寻、获取正规金融渠道融资的信息越难，而获取正式融资不仅需要信息，还需要开具一系列证明和补充材料，这些都要求个人具有一定的互联网使用能力，信息或材料不全可能造成很高的"鞋底成本"，阻碍个体进行正式融资。由此，互联网使用能力越差、数字鸿沟水平越大的个体面临的正式融资约束越强，进行创业的意愿也就越弱。另外，该作用渠道同时显著存在于城乡样本中，由于城乡样本中数字鸿沟的系数均为负，难以判断其差异，故本文仍用似无相关方法（SUR）来检验组间系数差异，结果（p 值为 0.5702）表明，二者系数无显著差异，可以认为在本文样本中，正式融资渠道不具有城乡差异。

表 8 列（2）（5）（6）汇报了非正式融资作为数字鸿沟影响个体创业渠道的检验，结果表明，无论在全样本还是城乡子样本中，非正式融资都不是数字鸿沟影响个体创业的渠道，这可能是因为，非正式融资的来源一般是亲戚邻里，属于个体在现实生活中建立起来的强社会关系，而数字鸿沟是阻碍个体利用网络发展更广的弱社会关系，对个体强社会关系的影响不大（张要要，2022），所以对城乡居民的非正式融资影响不显著，这与周广肃和樊纲（2018）、孙国锋等（2021）的实证研究结果保持一致。

5.2 社会资本

社会资本与物质资本一样，是创业者进行创业的必备条件之一。社会资本是个体通过人际交往、社交网络和相互信任获得的一种无形资源，这种资源会为创业提供更具有针对性的帮助，从信息渠道来看，宽阔的社会网络意味着更多来源的创业信息；从物质资本来看，社会资本能够将人际信任关系转化为可利用的外部融资渠道；从知识学习来看，以情感和信任为特征的非正式网络能够增进创业者与外界的知识交流和隐性知识转化，提供互补性的知识资源。此外，从创业要素来看，社会资本可以通过更广泛的网络联系帮助创业者发现创新性的创业机会（张玉利等，2008），促进创业学习、知识共享转移，有助于团队整合和内部沟通理解（杨隽萍等，2013），通过声誉机制的作用吸引潜在的投资者和客户等（张博等，2015）。

数字鸿沟的存在会阻碍个体社会资本的积累，这是因为网络具有很强的社会互动属性，数字鸿沟则降低了个体利用网络社交软件与外界互动的机会，不利于扩大个体交际圈以提升社会资本。此外，数字鸿沟通过抑制社会资本积累来影响创业的过程还可能存在差异，这是因为城乡创业者对于社会资本的需求不同。对于农村创业者而言，社会资本更为重要，这是由于农村家庭创业的经营范围往往小于城市家庭创业，客户流动性较小，对熟人市场的依赖性更强（刘银等，2021），故拥有更广人脉和社会资源的农村家庭倾向于选择创业，以获取更高的创业收入，因此，数字鸿沟可能会更多地限制农村个体的交际网络、减少社会资本、抑制创业意愿。为衡量社会资本是否数字鸿沟影响个体创业的渠道及其是否存在城乡差异，本文借鉴张博等（2015）的研究，利用个体所在家庭的人情支出礼数值的对数，来衡量个体社会资本（Social_cap），人情支出礼数值越高，则认为其社会资本越高。机制检验的结果如表 9 所示。

变　量	全样本	农村	城市
	（1）	（2）	（3）
	Social_cap	Social_cap	Social_cap
Digital_divide	-0.0278^{*}	-0.0367^{***}	-0.0235^{**}
	（0.0164）	（0.0100）	（0.0095）
Controls	Yes	Yes	Yes
样本量	14970	7778	7020
R^2	0.0887	0.0820	0.0978

表9　社会资本的机制检验

注：$*$ 、$**$ 、$***$ 分别表示估计结果在 10%、5%、1% 水平上显著，括号内为省级聚类稳健标准误。

由表9结果可知，社会资本是数字鸿沟抑制个体创业的作用渠道之一，在全样本和农村、城市子样本中，该渠道分别在 10%、1%、5% 水平上显著。数字鸿沟意味着个体接入和使用互联网能力的差异，对于互联网接入和使用水平低的个体而言，其社交网络受限于地理和空间距离，比起网络社交者，社会圈子和社交网络相对较小，不利于其通过更多的情感和信任关系获取丰富的创业资源，故创业意愿相对较低。由于城市和农村样本的数字鸿沟的系数均为负，利用 SUR 进行组间系数差异检验，结果（p 值为 0.3438）说明，社会资本渠道不具有城乡差异。

5.3　信息渠道

在创业过程中，信息能够为创业者提供丰富多样的创业要素。在创业前期，充足的借贷信息能够缓解个体面临的融资约束，创业信息和创业资讯能够为潜在创业者提供创业机会、提升创业意识，并识别潜在的创业风险，等等；在创业过程中，信息还有助于创业者拉拢人才、组建和扩张创业团队，获取更丰富的外部融资，及时调整企业决策等。与此相对，如果个体的信息不对称程度较高，其在创业选择、外部融资、团队运营过程中均会面临道德风险和逆向选择问题，降低其创业意愿。

数字鸿沟越大，信息渠道则越闭塞，这是因为互联网是一项重要的社会资源，在帮助劳动者获取信息、识别就业机会等方面起到重要作用（杨学儒和邹宝玲，2018）。互联网可以为开展创业活动的个体提供一个信息分享与交流的平台，包括提供专业信息和商务信息等（史晋川和王维维，2017），可以提供创业机会、减少沟通成本和交易成本，若个体所开展的创业活动为电商运营等，则对互联网各方面的依赖性更强（俞函斐，2014）。反之，若个体囿于数字鸿沟的局限，利用互联网获取信息的能力不足，则影响其识别创业机会的能力，创业承担的成本和风险可能更大，从而抑制个体创业意愿。此外，城乡居民的人力资本和信息素养本身存在差异，城市居民所处的家庭和城市基础设备设施更完善，所拥有信息渠道更广泛，对网络作为信息来源的依赖度相对更低，而农村居民更依赖网络和数字技术来获取更新、更具有异质性的创业相关信息，所以数字鸿沟对城乡个体信息渠道的影响可能不同。

为考察信息渠道是否数字鸿沟抑制个体创业的作用渠道及其是否存在城乡差异，本文用"你认为互联网作为信息渠道的重要程度"题项来衡量信息渠道（information），该回答赋值 1~5 分，中介效应检验结果如表 10 所示。

表 10   信息渠道的机制检验

变 量	全样本	农村	城市
	（1）	（2）	（3）
	information	information	information
Digital_divide	−0.4350***	−0.490***	−0.394***
	(0.0123)	(0.0122)	(0.0104)
Controls	Yes	Yes	Yes
样本量	15899	8247	7625
R^2	0.491	0.448	0.503

注：*、**、***分别表示估计结果在 10%、5%、1%水平上显著，括号内为省级聚类稳健标准误。

根据表 10 的结果，信息渠道是数字鸿沟抑制个体创业的渠道之一，且该渠道在全样本、城乡子样本中均在 1%水平上显著。用 SUR 对回归后组间系数差异进行检验，结果显示，p 值为 0.0000，可以认为在 95%的置信水平下，信息渠道在城乡子样本中的渠道作用具有显著差异，数字鸿沟对农村群体信息渠道的抑制显著高于城市群体。

对此可能的解释有，互联网作为一个信息交流与集成的平台，能够为个体创业者提供包括创业机会、融资、其他商务信息在内的丰富而多样的信息，因此，数字鸿沟水平较高的个体面临较高的信息不对称约束，降低了其创业意愿。此外，个体如何利用互联网获取和利用信息具有显著的城乡差异。城镇个体平均的互联网接入度和使用度均高于农村个体，其利用数字技术开展创业活动的意识也较高，而拥有信息优势的个体能够更早地接触到有价值信息从而发掘出创业机会（Shane & Venkataraman, 2000）；相反，农村个体接收创业信息、促进创业意识的渠道有限，多依赖于自身在现实生活中建立的社会关系，互联网能带来更广范围的异质性信息，故数字鸿沟对农村个体信息渠道的抑制效果相对比城镇个体更高。

5.4 风险偏好

风险偏好是企业家精神的基础组成部分，是个体在面对不确定性时展现出的心理态度。创业是一项高风险活动，尤其是在创业想法转化产品市场的阶段，面临极高的不确定性，创业过程中个体还会受到个人条件和外部条件的种种约束，因此选择创业对于个体的风险偏好就有基本要求，要求创业者能够承担一定的风险。以往研究中，国内外学者肯定了风险偏好对于创业决策的影响，风险偏好型个体更倾向于选择创业（Ahn, 2010），这是由于偏好风险者对为获取人际信任和关系付出经济、社会成本并不敏感，从而更容易拓展社会网络（Navarro et al.，2018），且他们更能接受风险相对较高的融资渠道，因此信贷可得性更高，面临的金融约束更少，等等。

风险偏好与个体对未知事物的了解有关，数字鸿沟越大，个体利用互联网进行信息补充和知识学习的能力越低，对创业信息的了解、学习越少，面对创业选择的心理不确定性更高，从而抑制创业。以金融知识为例，个体能够通过互联网学习更多的金融知识，金融知识越丰富，则对信贷和市场信息了解越多，能更好地评估借贷和创业项目的风险，这影响到个体是否创业以及从事何种强度的创业（张云亮等，2020）。相反，如果个体的数字鸿沟水平较高，创业的相关了解不足，存在一种"未知的恐惧"，产生面对创业的消极情绪。此外，城乡居民可获取的教育资源、自身的人力资本存在较大差异，城市个体可选择的教育资源多、受教育程度和信息素养更高，相反，农村个体可获取信息、教育的渠道有限，可能更依赖互联网影响和改变固有的思维模式，因此数字鸿沟对城乡居民的风险偏好的作用可能存在差异。

由于 CFPS 问卷中没有直接测量个体风险偏好的题项，为了验证风险偏好是否数字鸿沟抑制个体创业的渠道及其城乡差异，本文选取问卷中风险试验 1 的回答来测量风险偏好（risk），若选择"直接获得 100 元"，赋值为 0；若选择"扔硬币，如果结果是正面数字得 200 元，结果是反面花则什么也得不到"，赋值为 1。机制检验的结果如表 11 所示。

表 11　　　　　　　　　　　　　风险偏好的机制检验

变　量	全样本	农村	城市
	（1）	（2）	（3）
	risk	risk	risk
Digital_divide	−0.0210**	−0.0273**	−0.0199
	（0.0088）	（0.0137）	（0.0129）
Controls	Yes	Yes	Yes
样本量	15781	8200	7581

注：*、**、*** 分别表示估计结果在 10%、5%、1%水平上显著，括号内为省级聚类稳健标准误。

根据表 11，风险偏好是数字鸿沟抑制个体创业的渠道之一，在全样本、农村样本中均在 5%水平上显著，在城市样本中则不显著。对此可能的解释是，个体可以通过互联网平台和数字技术扩大信息传递和知识交流的网络，获得更多关于创业及其要素的信息，理性地评估创业风险，促进个体创业。然而对于城市个体来说，平均而言，其知识技能、受教育水平都较高，相对于农村个体，风险偏好相对稳定，不太容易通过从互联网获取信息来改变风险偏好，且城市创业者的数字鸿沟水平差异不大，故对风险偏好的影响不显著。反之，农村个体通过接触互联网，可以极大地拓宽原有的依赖社会关系建立的信息网络，从而获得的思维改变可能更多，反之受数字鸿沟的影响更显著。

5.5 认知能力

认知能力属于创业者人力资本的一部分，是创业者从事创业活动的重要保障。相对于用受教育程度来衡量创业者的人力资本，认知能力体现了人的智力因素对认知水平的影响（贺建风和陈茜儒，2019），同时涵盖了个体的先天能力与后天受教育程度。从社会资本效应来看，认知能力较高的个体具有较高的人际交往水平，可以扩展自身的社会网络，且其社会网络中的个体认知能力也会平均较高，能够为创业提供更多帮助（周洋和刘雪瑾，2017）。从信息效应来看，个体认知能力越高，利用互联网搜索和获取信息的能力越强，有助于缓解创业中信息不对称的问题。

虽然认知能力与智力因素关联，但是受后天教育和学习的影响更甚，这意味着数字鸿沟越大，越不利于个体通过互联网进行知识学习和交流，阻碍个体通过社交、学习等途径获得互补性知识资源、进行知识转移，从而限制了个体认知能力的发展提高。在城乡环境中，创业者都需要通过数字接入来进行知识补充和知识学习、提升认知能力，但数字鸿沟的影响仍可能因为城乡居民本身受教育程度、教育资源差异而有所不同。

与以往研究保持一致，本文使用 CFPS 问卷中受访者的字词和数列能力测试得分加总来衡量个体认知能力（cognition），验证认知能力是否数字鸿沟抑制个体创业选择的渠道之一，以及该渠道是否存在城乡差异。

表 12　　　　　　　　　　　　　　　认知能力的机制检验

变　量	全样本	农村	城市
	（1）	（2）	（3）
	cognition	cognition	cognition
Digital_divide	−0.0286**	−0.0608***	−0.0185***
	（0.0120）	（0.0084）	（0.0057）
Controls	Yes	Yes	Yes
样本量	12031	6589	5442
R^2	0.469	0.459	0.451

注：*、**、***分别表示估计结果在 10%、5%、1%水平上显著，括号内为省级聚类稳健标准误。

结果显示，认知能力是数字鸿沟抑制个体创业的渠道之一，该作用渠道在全样本、城乡子样本中均显著。这意味着，数字鸿沟水平越高的个体，利用互联网学习的频率和水平越低，通过社交和网络获取的知识学习和交流更少，不利于提升自我认知能力，从而抑制了创业意愿。对回归后城乡组间系数差异进行检验的结果显示，数字鸿沟对农村群体认知能力的抑制作用显著高于城市群体，这可能是因为农村居民可获取的教育资源相对更少，整体的受教育水平更低，更依赖于通过互联网进行后天的知识学习、提升认知水平；反之，城市群体本身的教育资源丰富、整体认知水平高，数字鸿沟对个体认知能力的削弱作用相对更低。

6. 结论与政策建议

本文利用中国家庭追踪调查（CFPS）2018 年的数据，从城乡差异的视角实证分析了数字鸿沟对个体创业的影响及其作用渠道，得到如下结论：第一，数字鸿沟显著抑制个体创业选择，通过内生性检验和稳健性检验后，该结果依然在统计上显著；第二，数字鸿沟对个体创业的抑制效果具有城乡差异，相比城市个体，数字鸿沟更显著地抑制农村个体创业；第三，正式融资、社会资本、信息渠道、风险偏好和认知能力都是数字鸿沟抑制个体创业的作用渠道，但上述渠道具有城乡差异，相比城市个体，数字鸿沟通过更显著地抑制农村个体的信息渠道、风险偏好和认知能力来阻碍创业。

本文的研究结果意味着，城乡间的数字接入和使用不平等、创业特点的差异，导致数字鸿沟通过不同渠道影响城乡个体创业选择，尤其不利于农村个体通过创业致富，不利于我国在新发展阶段破解城乡二元结构、实现共同富裕。由于数字技术和互联网使用的差异具有乘数效应，催生了不同的资本以不同的组合方式形成具有巨大差异的经济利益，如何提升全社会的互联网使用水平、促进互联网资本的公平发展，将是横亘在公共政策制定者面前的一道难题。

据此，本文基于研究结论提出以下政策建议：

第一，继续完善全国城乡地区的互联网基础设施建设，尤其是全面覆盖边远地区、乡村地区。对于电信运营商无法承担普遍接入义务的困难，政府可以设立普遍接入基金，对网络发展落后的地区给予电信投资补贴（胡鞍钢和周绍杰，2002），从而提升基础的互联网接入度。

第二，关注居民互联网接入背后的使用问题，使实际人力资本增强的速度与信息技术所要求的人力技能提升速度保持一致，全面释放数字技术带来的经济潜能。尤其是在农村地区，在实现互联网覆盖后，派遣技术人员深入村委会等村居组织单位，进行互联网使用培训，同时持续提高农村居民的受教育水平，使网络和信息红利更多惠及每个人。

第三，完善农村地区金融借贷服务体系，增强农村居民对于正式融资的可及性、可用性及使用意识。利用互联网接入和数字普惠金融体系的完善，减轻农村家庭和个体对银行等实体金融机构的依赖，削弱实体金融机构无法和不愿覆盖偏远贫困地区带来的融资约束影响（周利等，2020）。

◎ **参考文献**

[1] 陈晓洁，何广文，陈洋. 数字鸿沟与农户数字信贷行为——基于 2019 年欠发达地区农村普惠金融调查数据 [J]. 财经论丛，2022（1）.

[2] 陈昭，陈钊泳，谭伟杰. 数字经济促进经济高质量发展的机制分析及其效应 [J]. 广东财经大学学报，2022，37（3）.

［3］贺建风，陈茜儒．认知能力、社会网络与创业选择［J］．世界经济文汇，2019（4）．

［4］胡鞍钢，周绍杰．新的全球贫富差距：日益扩大的"数字鸿沟"［J］．中国社会科学，2002（3）．

［5］黄祖辉，姜霞．进一步认识乡村振兴战略"二十字"方针［J］．浙江树人大学学报，2022，22（5）．

［6］江艇．因果推断经验研究中的中介效应与调节效应［J］．中国工业经济，2022（5）．

［7］刘骏，薛伟贤．城乡数字鸿沟测度指标体系及其实证研究［J］．预测，2012，31（5）．

［8］柳松，魏滨辉，苏柯雨．互联网使用能否提升农户信贷获得水平——基于 CFPS 面板数据的经验研究［J］．经济理论与经济管理，2020（7）．

［9］刘玉国，王晓丹，尹苗苗，董超．互联网嵌入对创业团队资源获取行为的影响研究——创业学习的中介作用［J］．科学学研究，2016，34（6）．

［10］刘银，徐丽娜，唐玺年，王蕾，阿丽娅·依不拉音，张入文．互联网使用对中国城乡家庭创业的影响分析——来自三期面板 CFPS 数据的实证［J］．湖南农业大学学报（社会科学版），2021，22（1）．

［11］连玉君，廖俊平．如何检验分组回归后的组间系数差异？［J］．郑州航空工业管理学院学报，2017，35（6）．

［12］鹿光耀，袁云云，吴春雅．数字普惠金融有益于丰富农户收入多样性吗？——基于江西"百村千户"的调研数据［J］．江西社会科学，2022，42（6）．

［13］毛宇飞，曾湘泉，祝慧琳．互联网使用、就业决策与就业质量——基于 CGSS 数据的经验证据［J］．经济理论与经济管理，2019（1）．

［14］倪云松．流动性约束、创业资金与创业关系的性别差异——基于"中国家庭追踪调查"（CFPS）数据的研究［J］．东岳论丛，2022，43（2）．

［15］邱泽奇，张樹沁，刘世定，许英康．从数字鸿沟到红利差异——互联网资本的视角［J］．中国社会科学，2016（10）．

［16］孙国锋，李安程，徐瑾．互联网使用、信贷获得和家庭创业——基于城乡差异视角［J］．云南财经大学学报，2021，37（10）．

［17］史晋川，王维维．互联网使用对创业行为的影响——基于微观数据的实证研究［J］．浙江大学学报（人文社会科学版），2017，47（4）．

［18］粟勤，韩庆媛．数字鸿沟与家庭财富差距——基于 CHFS 数据的实证检验［J］．云南财经大学学报，2021，37（9）．

［19］宋瑛，杨露，宋帅．互联网嵌入、社会资本与农户电商创业渠道选择——基于黔渝 350 份农户微观调查数据［J］．宁夏社会科学，2021（6）．

［20］谭燕芝，李云仲，胡万俊．数字鸿沟还是信息红利：信息化对城乡收入回报率的差异研究［J］．现代经济探讨，2017（10）．

［21］汪艳霞，曹锦纤．支持还是抑制？网络嵌入创业绩效有效性测量［J］．科技进步与对策，2020

（1）.

[22] 王平．基于社会网络分析的组织隐性知识共享研究［J］．情报资料工作，2006（2）.

[23] 杨德林，胡晓，冯亚．互联网应用与创业绩效：社会资本的中介作用［J］．技术经济，2017，36（4）.

[24] 杨学儒，邹宝玲．模仿还是创新：互联网时代新生代农民工创业机会识别实证研究［J］．学术研究，2018（5）.

[25] 杨隽萍，唐鲁滨，于晓宇．创业网络、创业学习与新创企业成长［J］．管理评论，2013，25（1）.

[26] 杨铭，向德平．从脱贫攻坚到乡村振兴：民营企业的参与历程、特点及走向［J］．江西财经大学学报，2022（2）.

[27] 姚小涛，席酉民．社会网络理论及其在企业研究中的应用［J］．西安交通大学学报（社会科学版），2003（3）.

[28] 俞函斐．互联网嵌入对创业机会识别的影响［D］．浙江大学，2014.

[29] 张博，胡金焱，范辰辰．社会网络、信息获取与家庭创业收入——基于中国城乡差异视角的实证研究［J］．经济评论，2015（2）.

[30] 张开迪，吴群锋，高建，李纪珍．外商直接投资对大众创业的影响［J］．中国工业经济，2018（12）.

[31] 张云亮，冯珺，赵奇锋，柳建坤．风险态度对中国城乡家庭创业的影响分析——来自中国家庭金融调查3期面板数据的证据［J］．财经研究，2020，46（3）.

[32] 张要要．数字鸿沟与农户家庭创业［J］．山西财经大学学报，2022，44（2）.

[33] 张玉利，杨俊，任兵．社会资本、先前经验与创业机会——一个交互效应模型及其启示［J］．管理世界，2008（7）.

[34] 周广肃，樊纲．互联网使用与家庭创业选择——来自 CFPS 数据的验证［J］．经济评论，2018（5）.

[35] 周利，冯大威，易行健．数字普惠金融与城乡收入差距："数字红利"还是"数字鸿沟"［J］．经济学家，2020（5）.

[36] 周向红．从数字鸿沟到数字贫困：基本概念和研究框架［J］．学海，2016（4）.

[37] 周洋，华语音．互联网与农村家庭创业——基于 CFPS 数据的实证分析［J］．农业技术经济，2017（5）.

[38] 周洋，刘雪瑾．认知能力与家庭创业——基于中国家庭追踪调查（CFPS）数据的实证分析［J］．经济学动态，2017（2）.

[39] Attewell, P. Comment: The first and second digital divides［J］. Sociology of Education, 2001, 74（3）.

[40] Ahn, T. Attitudes toward risk and self-employment of young workers［J］. Labour Economics, 2010, 17（2）.

［41］ Bianchi, M. Financial development, entrepreneurship, and job satisfaction［J］. Review of Economics and Statistics, 2012, 94（1）.

［42］ DiMaggio, P., Hargittai, E., Celeste, C., et al. From unequal access to differentiated use: A literature review and agenda for research on digital inequality［J］. Social Inequality, 2004（1）.

［43］ Gedajlovic, E., Honig, B., Moore, C. B., et al. Social capital and entrepreneurship: A schema and research agenda［J］. Entrepreneurship Theory and Practice, 2013, 37（3）.

［44］ Granovetter, M. S. The strength of weak ties［J］. American Journal of Sociology, 1973, 78（6）.

［45］ Luo, M. M., Chea, S. Internet Village Motoman Project in rural Cambodia: Bridging the digital divide ［J］. Information Technology & People, 2018（5）.

［46］ Navarro-Carrillo, G., Valor-Segura, I., Moya, M. Do you trust strangers, close acquaintances, and members of your ingroup? Differences in trust based on social class in Spain［J］. Social Indicators Research, 2018, 135（2）.

［47］ Welser, H. T., Khan, M. L., Dickard, M. Digital remediation: Social support and online learning communities can help offset rural digital inequality［J］. Information, Communication & Society, 2019, 22（5）.

［48］ Setthasuravich, P., Kato, H. The mediating role of the digital divide in outcomes of short-term transportation policy in Thailand［J］. Transport Policy, 2020（97）.

［49］ Soomro, K. A., Kale, U., Curtis, R., et al. Digital divide among higher education faculty［J］. International Journal of Educational Technology in Higher Education, 2020, 17（1）.

［50］ Xavier-Oliveira, E., Laplume, A. O., Pathak, S. What motivates entrepreneurial entry under economic inequality? The role of human and financial capital［J］. Human Relations, 2015, 68（7）.

Digital Divide and Individual Entrepreneurial Choices
—Based on the Urban and Rural Differences

Wen Xingqi[1] Qin Yi[2] Peng Lanyi[3] Li Simin[4]

(1, 2, 3, 4 Economics and Management School, Wuhan University, Wuhan, 430072)

Abstract: With the in-depth development of digital technology, the problem of the digital divide caused by differences in Internet access and use has become more and more prominent. The resulting differences in information dividends have an important impact on individual entrepreneurship. However, the reasons for the differences of the impact between urban and rural areas are still unclear. This paper uses the micro data of the CFPS 2018 to explore the impact of the digital divide on individual entrepreneurship, the mechanism of the impact and its urban-rural heterogeneity. The results show that the digital divide significantly inhibits individual entrepreneurship, and has different degrees of inhibition on urban and rural individuals. Formal financing, social capital, information channels, risk preference, and cognitive ability are the mechanisms by which the digital divide inhibits individual entrepreneurship, but the digital divide more significantly inhibits rural individuals' information channels, risk preference and cognition ability, thus inhibiting their entrepreneurship even more. Therefore, the government should continue to promote Internet coverage both in urban and rural areas, with particular emphasis on improving the ability of rural residents to use the Internet, and standardize and improve the financial lending service system in rural areas.

Key words: Digital divide; Individual entrepreneurship; Urban-rural differences; Social network theory

专业主编：陈立敏

审计师客户年报预披露集中度与审计质量*

● 周楷唐[1]　张　怡[2]

（1，2　武汉大学经济与管理学院　武汉　430072）

【摘　要】基于我国独特的年报预约披露制度，以 2012—2019 年 A 股上市公司为研究样本，研究了审计师所审计客户组合的年报预约披露日期集中度对审计质量的影响。研究结果发现，审计师客户年报预披露集中度越高，其所审计客户的财务报表审计质量越低。作用机制检验发现，审计任期和审计师行业专长能够抑制年报预披露集中度对审计质量的负面影响，而当客户业务复杂程度较高、审计师截止时间压力较大时，其审计质量受到的影响更为突出，这表明审计师客户年报预披露集中度从时间压力和资源分配两个渠道影响审计质量。文章首次研究了年报预披露集中度对审计质量的影响，为我国年报预约披露制度提供了实证证据，为会计师事务所进行任务分配和时间安排提供了理论参考与实践指导。

【关键词】年报预约披露制度　客户年报预披露集中度　审计质量

中图分类号：F239　　　　　文献标识码：A

1. 引言

根据《上市公司信息披露管理办法》规定，我国上市公司的年度报告应当在每个会计年度结束之日起四个月内（4 月 30 日以前）编制完成并披露，这就要求审计师必须在财务报告披露之前完成对该公司的审计，并出具审计报告。针对上市公司年报披露存在的截止日期前集中释放和"前松后紧"现象（Haw et al.，2000），中国证监会在 1997 年首次发布上市公司年报预约披露制度，并从 2001 年开始要求沪深交易所按照"均衡披露"原则，统筹安排上市公司年报预约披露顺序，避免年

---

* 基金项目：国家自然科学基金青年项目"审计投入对审计质量的影响、作用机理与经济后果研究"（项目批准号：71902147）；国家自然科学基金重点项目"会计师事务所治理机制与审计质量"（项目批准号：71932001）。
通讯作者：周楷唐，E-mail：zhoukaitang@whu.edu.cn。

报披露过于集中①。上市公司一般会根据其自身情况（例如业绩、融资计划等）决定预约披露日期，参照余玉苗等（2016），审计师在年报预约披露时间的决定上通常没有主导地位，只是被动地接受客户拟定或者交易所为其确定的预约披露日期，并保证在年报预约披露日期之前完成审计工作②。

从理论上来说，审计师客户年报预披露日期集中度可能从时间压力和资源分配两个渠道影响审计质量。首先，当审计师客户组合的年报预披露日期分布较为集中时，审计师会受到较大的时间压力的影响，若未按时披露年度报告，审计师可能面临解聘的压力（Chapman et al.，2021），因此审计师有动机在预披露日期之前完成审计工作。然而较大的截止时间压力会损害审计投入的有效性（余玉苗等，2016），限制审计师采用质疑思维和批判性评估程序的程度（Lambert et al.，2017），从而对审计质量造成不利影响。其次，审计师客户组合的年报预披露日期比较集中时，审计师资源分配的效率也会受到影响，在短时间内面对较大的工作量，审计师可能会选择更便利的审计方法提高审计效率，而审计质量却无法保证（Agoglia et al，2010），同时，有限资源的限制、调整资源的摩擦都可能对审计质量造成不利影响（Bills et al，2016）。因此本文预期，当审计师所审计客户组合的预披露日期分布越集中时，被审计客户的财务报表审计质量就越低。

本文基于我国独特的年报预约披露制度，以沪深 A 股上市公司 2012—2019 年的数据为研究样本，研究了审计师客户组合年报预披露日期的集中度对审计质量的影响。研究结果发现，审计师客户年报预披露集中度越高，其所审计客户的财务报表审计质量越低。为进一步研究年报预披露集中度影响审计质量的作用机制，本文分别加入审计师客户年报预披露集中度与审计任期、审计师行业专长和审计师客户业务复杂程度的交互项进行检验，结果发现，审计任期较长和具有行业专长的审计师能够抑制客户年报预披露集中度对审计质量造成的负面影响，而当客户业务复杂程度较高、审计师截止时间压力较大时，其审计质量受到的影响更为突出。机制检验的结果表明，年报预披露集中度从时间压力和资源分配两个渠道影响审计质量。最后，本文还进行了一系列的稳健性检验，包括控制不同层面的固定效应、变更审计质量的度量指标、排除审计师业务量的影响、排除预约披露时间变更的影响、排除竞争性解释，本文研究结论依然成立。

本文的贡献主要体现在以下三个方面：

（1）本文基于我国独特的年报预约披露制度，首次对客户年报预披露集中度对审计质量的影响进行了实证研究。已有文献发现，年报预约披露时滞的延长以及工作量的增加都会影响审计质量，但是已有研究没有将审计师的时间压力和工作量压力结合起来，并且缺少对审计师压力进行量化的方法（刘成立，2008；余玉苗等，2016；Agoglia et al.，2010）。本文基于审计师客户组合的年报预披露日期集中度的独特视角，同时考虑了审计师的工作量压力和截止时间压力，首次研究了客户年

---

① 中国证监会在 1997 年首次发布上市公司年度报告预约披露制度，提出证券交易所应当与上市公司进行协商，采取有效措施解决年度报告的集中披露问题。从 2001 年开始，中国证监会要求沪深交易所提前通知上市公司预约定期报告披露时间，若上市公司未能按期完成预约，交易所预约披露系统将会自动分配披露日期。交易所在各公司申报时间的基础上，按照"均衡披露"原则加以平衡和调整，统筹安排所有上市公司的年报预约披露顺序，并将结果在交易所网站公布。

② 本文样本中预披露时滞最小为 17 天，最大为 121 天，平均值为 97 天，标准差为 19，表明上市公司的预披露日期分布较为分散，一定程度上是交易所按照"均衡披露"原则统筹安排的结果。

报预披露日期的分布所导致的时间压力如何影响审计师行为，进而对审计质量的影响。

（2）本文以上市公司年报预约披露时间的视角拓展了对审计师个人行为影响因素的研究。本文以我国年报预约披露制度为背景，将审计师的时间压力和工作量压力结合起来，研究了审计师客户年报披露截止日期集中度如何通过影响审计师个人行为进而影响审计质量。

（3）本文的研究结论为我国年报预约披露制度提供了实证证据，为交易所安排年报预约披露顺序和会计师事务所进行资源分配与时间安排提供了理论参考。本文的研究表明，审计师在面临较为集中的工作任务时其审计质量会受到影响，在实证上检验了年报预约披露制度的有效性，这与证监会要求证券交易所按照"均衡披露"原则统筹安排上市公司年报预约披露时间的目的是相契合的；同时，本文也为会计师事务所在面临多项任务时，如何向审计师分配任务和资源，进而提升上市公司财务报表审计质量提供了重要的理论参考与实践指导。

2. 理论分析与研究假设

上市公司一般会根据其自身情况决定预约披露日期，若未能按期完成预约，交易所预约披露系统将会自动分配披露日期，并在各公司申报时间的基础上，按照"均衡披露"原则加以平衡和调整，统筹安排所有上市公司的年报预约披露顺序。总的来说，在年报预约披露时间的确定上，交易所起决定性作用，审计师在年报预约披露时间的决定上通常没有主导地位，只是被动地接受客户拟定或者交易所为其确定的预约披露日期。在本文的研究样本中，预披露时滞最小为 17 天，表明最早预披露时间为 1 月 17 日；最大为 121 天，表明最晚预披露时间为 4 月 30 日；时滞平均值为 97 天，表明上市公司的预披露日期分布较为分散，并不是集中在某一时间段之内，这在一定程度上是交易所按照"均衡披露"原则统筹安排的结果。

审计师客户年报预披露日期较为集中时，一方面会增加审计师的截止时间压力，影响审计投入的有效性；另一方面会影响审计师对资源的运用和分配，进而对审计质量造成不利影响。具体而言，本文认为，审计师客户年报预披露日期集中度可能从时间压力和资源分配两个渠道影响审计质量：

第一，审计师客户年报预披露日期的集中会给审计师带来更大的截止时间压力，进而影响审计质量。审计师在审计过程中会面临两种类型的时间压力，分别为预算时间压力和截止时间压力，前者来源于完成特定工作所需时间的数量，后者来源于在预定时间点未达到目标的惩罚或不利影响。Glover 等（2015）提出，审计师面临的截止时间压力会高于其面临的预算时间压力，其研究结果表明，审计师完成审计工作的时间越接近规定的财务报表披露的截止日期，未来报表重述的可能性越大，这表明固定的财务报表截止日期给审计师造成了时间压力，使审计质量降低。我国年报预约披露制度的实施对审计师产生了截止时间压力（余玉苗等，2016），审计投入的有效性可能会因这种时间压力而受到损害，最终对审计质量造成不利影响。Chapman 等（2021）发现，盈余公告延期披露可能会对公司及其管理层的潜在声誉造成损害，下一年审计师重新调整的可能性会增加，公司会解聘当年的审计师并聘请能够按盈余公告日期按时披露的审计师，因此审计师有动机按时披露年度报告。Lambert 等（2017）发现，提前年度报表提交时间会给审计师带来时间压力，这可能会限制审计师采用质疑思维和批判性评估程序的程度，审计师无法在财务报表的提交截止日期之前获得足够的审计证据，若不想错过截止日期，就只能进行仓促的、低质量的审计。Lewis（2016）从监管者角度出发，认为审计人员在审计报告定稿前得知一个关键事实时，可能会因时间压力而减少自己的职业怀疑，因此监管部门应该从时间管理和规划（例如详细的审计计划与时间安排）入手提高审计质量。本文主要考虑审计师所受到的截止时间压力，认为当被审计公司预披露时滞越大时，距财务报告提交截止日越近，审计师面临的截止时间压力也越大，从而审计质量越差。

第二，审计师客户年报预披露日期的集中导致审计师短时间内工作量的增加，影响审计师对现有资源的运用和分配，从而影响审计质量。López（2012）研究了工作量压缩对审计质量的影响，若审计师在较短的时间内有大量工作需要完成，长时间的工作和时间限制会导致审计师的疲劳，降低审计师发现或报告任何异常的能力，审计师可能会做出不符合标准的审计工作，从而导致审计质量降低。当工作量急剧增加时，审计师也会改变对审计方法的选择，尝试选择更方便的审计方法来缓解部分压力，然而审计方法的便利性可能会对审计质量产生不利影响（Agoglia et al.，2010）。理论上，事务所可以通过其他方式缓解工作量增加而资源有限的问题，例如雇佣更多的员工或者让现有员工加班，然而调整资源是一个有摩擦的过程，审计团队的更替和资源调整会耗费一定的时间和成本，若不能及时获得充分的资源，对现有业务的资源限制就可能导致审计质量的下降（Bills et al.，2016）。Czerney 等（2019）发现，若上市公司财务报表提交期限较为集中，事务所面对多个同时进行的审计活动时，由于事务所的资源和生产能力有限，可能无法为每项审计活动同时提供充分的资源，或者无法有效地分配可用资源，这都会损害审计质量。

综上所述，随着审计师客户年报预披露日期集中度的提高，一方面，审计师必须在规定的预约披露时间之前完成审计工作，截止时间压力会对审计师行为造成一定影响；另一方面，审计师在同一时间内需要处理的工作增加，意味着审计师需要付出更多的精力和资源，对审计师的资源分配和时间安排有更高的要求。据此，本文提出如下假设：

H1：审计师客户年报预披露集中度与审计质量之间存在负相关关系。

3. 研究设计

3.1 样本选择与数据来源

本文采用2012—2019年全部A股上市公司28679条观测值作为初始样本①，并对样本进行如下筛选：（1）删除每个审计师—年度审计客户数量小于3的样本（客户数量为1的数据样本为14444个，占总数据量的50.36%；客户数量为2的数据样本为8162个，占总数据量的30.03%）；（2）剔除金融保险类公司；（3）剔除自变量及控制变量缺失的数据。经过上述筛选，最终得到4317个公

---

① 由于2010—2011年会计师事务所转制为特殊普通合伙组织形式，可能会对审计质量造成一定影响（韩维芳，2016），所以本文采用2012年以后的数据。

司—年度样本①。为控制极端值对分析结果的影响，本文对全部连续型变量进行 1% 和 99% 的缩尾处理。本文使用的上市公司财务数据与审计数据均来自于 CSMAR 数据库。

3.2　度量审计质量

本文参照 Kothari 等（2005），采用如下模型计算可操纵性应计利润来度量审计质量：

$$TA_t/A_{t-1} = \beta_0 + \beta_1 \times \Delta REV_t/A_{t-1} + \beta_2 \times PPE_t/A_{t-1} + \beta_3 \times ROA_t/A_{t-1} + \varepsilon_t \qquad (1)$$

其中：TA_t 指企业第 t 年总应计，用第 t 年营业利润减去第 t 年经营活动现金流量；ΔREV_t 指企业第 t 年主营业务收入的变化；PPE_t 指企业第 t 年固定资产账面原值；ROA_t 指企业第 t 年的资产净利率。通过该方程计算得到的残差即应计盈余管理 DACC②。

3.3　度量审计师客户年报预披露集中度

我国审计报告通常由项目合伙人和另一名负责该项目的注册会计师两名审计师签字盖章，即复核审计师和执行审计师。参照 Gul 等（2013），执行审计师负责审计过程中重大事项的决策与管理现场工作，因此本文主要关注执行审计师③。假设存在审计师 A 和审计师 B，审计师 A 共有 3 个客户，预披露日期分别为 4 月 2 日、4 月 5 日、4 月 9 日，3 个客户的预披露日期间隔只有 7 天；审计师 B 共有 3 个客户，预披露日期分别为 4 月 2 日、4 月 12 日、4 月 26 日，3 个客户的预披露日期间隔有 24 天。显然，审计师 A 客户组合的预披露日期分布更为集中，审计师 A 会面临较大的时间压力和资源分配的问题。

因此，本文采用审计师所审计的客户预披露日期标准差和赫芬达尔指数两种方法来度量审计师客户年报预披露集中度，同时考虑被审计公司业务量规模和预披露时滞的影响。具体而言，当审计师所审计的所有客户资产规模越大时，审计工作可能越复杂，需要付出的时间和精力会增加，审计师面临的压力会越大；当被审计公司预披露时滞越大时，距财务报告提交截止日越近，审计师面临的截止时间压力也越大。同时，为排除预约披露时间变更对研究结论造成的影响，本文以首次预约披露时间来计算预披露时滞。具体计算方法如下：

3.3.1　审计师所审计的客户预披露日期标准差（SDRange）

对于每个审计师的客户组合，用审计师所审计的公司中最晚预披露日期减每家公司的预披露日

---

① 在本文的样本中，每个审计师每年最少审计 3 个客户，最多审计 10 个客户，有超过 75% 的审计师每年审计 3~4 个客户，平均每个审计师每年审计的客户数量为 3.45 个。

② 本文也分别参照 Jones（1991）与 Dechow 和 Dichev（2002）的模型计算应计盈余管理指标来度量审计质量，未报告的结果显示本文的研究结论仍然成立。

③ 我国审计报告实践中部分会计师事务所会主动增派一个审计师执行业务并签字盖章，本文的研究样本中，存在三名审计师的数据有 260 个，占总样本的 6.02%。为了排除这一特殊情况对本文结果的影响，本文删除了存在三名审计师签字的样本进行回归，本文研究结论仍然成立。

期，计算出一个距离变量 DDLRange，用公司的资产总量除以负责该公司的审计师审计的全部公司资产总和作为权重，计算距离 DDLRange 的加权标准差 SD；随后再考虑被审计公司业务量规模和预披露时滞的影响，用审计师—年度所有客户资产总和取对数（total_size）来衡量被审计公司业务量规模①，用审计师—年度所有客户的预约披露时滞平均值取对数（avg_lags）来衡量预披露时滞，被审计公司业务量规模和预披露时滞都会导致审计师面临的压力增加。审计师所审计的客户预披露日期标准差（SDRange）计算公式为：

$$SDRange = -SD/ （total\_size \times avg\_lags）$$

本文在实证检验中，SDRange 为标准差取相反数的值，SDRange 越大，则表明审计师客户年报预披露日期分布越集中。

3.3.2　审计师所审计的客户预披露日期赫芬达尔指数（DDLHHI）

对于每个审计师的客户组合，以最早预披露日期为起点，每十天为一个时间段进行分组，最大的时间跨度为 99 天，则最多可以分为 10 组。用每组的公司资产总和除以该审计师审计的所有公司的资产总和，来衡量每个时间段的业务量占比，最后求该占比的平方和（$\sum pc^2$），即该审计师的赫芬达尔指数。随后考虑被审计公司业务量规模和预披露时滞的影响，与上述第一种方法相同，审计师所审计的所有客户资产规模（total_size）越大，每个审计师—年度所有客户的预约披露时滞的平均值（avg_lags）越大，审计师面临的压力就越大。审计师所审计的客户预披露日期的赫芬达尔指数（DDLHHI）计算方式为：

$$DDLHHI = （\sum pc^2）\times total\_size \times avg\_lags/100$$

本文用 DDLHHI 衡量审计师客户年报预披露集中度，DDLHHI 越大，则表明审计师客户年报预披露日期分布越集中②。

3.4　实证回归模型

为检验上文提出的研究假设，本文构建如下多元回归模型：

$$AuditQuality = \alpha_0 + \alpha_1 \times Concentration + \alpha_2 \times Controls + Fixed\ effects + \varepsilon \tag{2}$$

其中，因变量审计质量（AuditQuality）用可操纵性应计（DACC）来衡量；自变量审计师客户年报预披露集中度（Concentration）用审计师所审计的客户预披露日期标准差（SDRange）和审计师所审计的客户预披露日期赫芬达尔指数（DDLHHI）两种指标来衡量；公司层面控制变量包括：（1）公司规模（Size），等于公司总资产取自然对数；（2）盈利能力（ROA），等于总资产净利润率；（3）成长性（Growth），等于营业收入增长率；（4）财务杠杆（LEV），等于资产负债率；（5）有形资产比例（PPE），等于固定资产占总资产比重；（6）所有权性质（SOE），若公司为国有企业，则 SOE

---

①　本文在主检验中采用被审计客户资产总和来衡量被审计公司业务量规模，在稳健性检验中用审计师每年审计的客户数量替代客户资产总和来衡量被审计公司业务量规模，本文结论仍然成立。

②　由于计算出的指标值较大，在实证回归中将所有指标缩小 100 倍，便于更好地对回归系数进行解释。

取 1，否则为 0。事务所和审计师层面控制变量包括：（1）事务所排名（TOP10），若事务所为前十大事务所，则 TOP10 取 1，否则为 0；（2）事务所规模（ClientNumber），等于事务所审计客户数量取自然对数；（3）审计师数量（AuditorNumber），等于事务所参与当年审计的审计师数量取自然对数；（4）审计任期（Tenure），等于审计任期取自然对数；（5）审计师行业专长（SPEC），等于分行业—年度计算审计师对所有客户审计收费总和占该年度该行业审计收费总额的比例；（6）事务所客户年报预披露集中度（AuditfirmHHI），按照计算审计师所审计的公司预披露日期的赫芬达尔指数（DDLHHI）从事务所层面计算所得。另外，本文还加入了年度与行业虚拟变量，以控制年度与行业固定效应。同时，为避免事务所层面的聚集效应对标准误的影响，回归时在事务所层面进行了 cluster 处理。变量的具体定义如表 1 所示。

表 1 变量定义表

变量	定义及描述
因变量	
DACC	应计盈余质量：参照 Kothari 等（2005），采用收益匹配 Jones 模型计算得到的异常应计
自变量	
SDRange	审计师所审计的客户预披露日期标准差：每个审计师审计的公司的预披露日期距该审计师客户组合中最晚日期的天数（DDLRange）的标准差（用被审计公司资产规模加权，考虑被审计公司业务量规模和预披露时滞的影响）。在回归检验中，对该指标取相反数以代表审计师的客户年报预披露集中度，该指标越大，则表明审计师客户年报预披露日期分布越集中
DDLHHI	审计师所审计的客户预披露日期赫芬达尔指数：对于每个审计师的客户组合，以最早预披露日期为起点，每十天为一个时间段，用被审计公司资产规模作为权重计算赫芬达尔指数（考虑被审计公司业务量规模和预披露时滞的影响）。该指标越大，则表明审计师客户年报预披露日期分布越集中
控制变量	
Size	公司规模：总资产取自然对数
ROA	盈利能力：总资产净利润率
Growth	成长性：营业收入增长率
LEV	财务杠杆：资产负债率
PPE	有形资产比例：固定资产占总资产比重
SOE	所有权性质：国有企业取 1，非国有企业取 0
TOP10	事务所排名：若为前十大事务所则取 1，否则取 0
ClientNumber	事务所规模：事务所审计客户数量取自然对数
AuditorNumber	审计师数量：事务所参与当年审计的审计师数量取自然对数
Tenure	审计任期：审计任期取自然对数

续表

变量	定义及描述
SPEC	审计师行业专长：分行业—年度计算审计师对所有客户审计收费总和占该年度该行业审计收费总额的比例
AuditfirmHHI	事务所客户年报预披露集中度：按照计算 DDLHHI 的方法从事务所层面进行计算

4. 实证结果分析

4.1　描述性统计

表 2 报告了样本分布和主要变量的描述性统计结果。Panel A 表明，样本在各年度均匀分布。Panel B 显示，DACC 平均值为-0.002，标准差为 0.117，表明我国上市公司的盈余管理水平存在较大差异。审计师客户集中度相关变量，DDLRange 表示审计师所审计的公司中最晚预披露日期减每家公司的预披露日期，最小值为 0，最大值为 99，表明审计师所审计的公司中预披露日期的最大时间跨度为 99 天；SDRange 平均值为-0.106，SDRange 越大，表明审计师客户年报预披露日期分布越集中；DDLHHI 平均值为 0.674，DDLHHI 越大，表明审计师客户年报预披露日期分布越集中。

表 2　　　　　　　　　　　　样本分布及描述性统计

Panel A：样本分布表

Year	Freq.	Percent
2012	464	10.75
2013	509	11.79
2014	482	11.17
2015	501	11.61
2016	551	12.76
2017	567	13.13
2018	601	13.92
2019	642	14.87
Total	4317	100.00

续表

Panel B：主要变量描述性统计

Variables	Obs	Mean	SD	Min	P25	Median	P75	Max
DACC	4317	−0.002	0.117	−1.698	−0.043	−0.001	0.040	2.282
DDLRange	4317	14.975	17.735	0	0	7	27	99
SDRange	4317	−0.106	0.069	−0.414	−0.144	−0.099	−0.054	0.000
DDLHHI	4317	0.674	0.241	0.257	0.492	0.619	0.840	1.311
Size	4317	22.010	1.143	19.673	21.172	21.902	22.684	25.114
ROA	4317	0.027	0.085	−0.468	0.012	0.033	0.063	0.188
Growth	4317	0.168	0.425	−0.591	−0.036	0.099	0.267	2.607
LEV	4317	0.422	0.215	0.047	0.251	0.406	0.576	0.971
PPE	4317	0.352	0.177	0.014	0.221	0.340	0.472	0.790
SOE	4317	0.290	0.454	0	0	0	1	1
TOP10	4317	0.599	0.490	0	0	1	1	1
ClientNumber	4317	5.063	0.973	1.386	4.220	5.236	5.900	6.356
AuditorNumber	4317	5.062	0.968	1.792	4.174	5.323	5.872	6.304
Tenure	4317	1.779	0.833	0.000	1.386	1.946	2.398	3.497
SPEC	4317	0.014	0.020	0.001	0.004	0.007	0.015	0.125
AuditfirmHHI	4317	0.068	0.034	0.033	0.051	0.058	0.074	0.413

4.2　基本回归结果

表 3 报告了审计师客户年报预披露集中度与审计质量之间关系的实证结果。第（1）列报告了 SDRange 的回归结果，SDRange 系数为 0.045，在 5% 水平上显著，经济意义上，SDRange 每增加一个标准差，DACC 就会增加 2.65%（0.069×0.045/0.117）个标准差；第（2）列报告了 DDLHHI 的回归结果，DDLHHI 系数为 0.016，在 1% 水平上显著，经济意义上，DDLHHI 每增加一个标准差，DACC 就会增加 3.30%（0.241×0.016/0.117）个标准差。由于 DACC 越大代表审计质量越差，上述结果表明审计师客户年报预披露集中度与审计质量之间存在显著的负相关关系，该结果支持了本文的研究假设。

表 3 　　　　　　　　　　**审计师客户年报预披露集中度与审计质量**

因变量	(1)	(2)
	DACC	DACC
SDRange	0.045**	
	(2.15)	

续表

	（1）	（2）
DDLHHI		0.016***
		（2.80）
Size	0.007***	0.007***
	（3.95）	（3.83）
ROA	0.396***	0.396***
	（8.71）	（8.76）
Growth	0.001	0.001
	（0.14）	（0.14）
LEV	-0.012	-0.011
	（-1.01）	（-0.98）
PPE	-0.008	-0.009
	（-0.44）	（-0.46）
SOE	-0.005	-0.005
	（-1.10）	（-1.05）
TOP10	-0.001	-0.001
	（-0.10）	（-0.07）
ClientNumber	0.014	0.015
	（1.51）	（1.67）
AuditorNumber	-0.014*	-0.016**
	（-1.98）	（-2.20）
Tenure	-0.004**	-0.004**
	（-2.09）	（-2.07）
SPEC	-0.295***	-0.302***
	（-2.80）	（-2.90）
AuditfirmHHI	0.034	0.032
	（0.36）	（0.33）
Industry FE	Yes	Yes
Year FE	Yes	Yes
N	4317	4317
adj. R^2	0.086	0.087

注：括号内为 t 值；*** 代表1%水平上显著；** 代表5%水平上显著；* 代表10%水平上显著。

4.3 机制检验

本文认为审计师客户年报预披露日期的集中导致审计师短时间内工作量的增加，通过增加审计师的时间压力，影响审计师对现有资源的运用和分配，从而影响审计质量。为了进一步检验审计师客户预披露日期集中度影响审计质量的作用机制，本文分别加入审计师客户年报预披露集中度与审计任期、审计师行业专长、客户业务复杂程度和客户给审计师带来的截止时间压力的交互项进行检验。

从理论上来说，审计任期较长的审计师与其客户合作时间较长，对其客户的业务及经营状况都较为熟悉，能更有效地管理审计流程，分配审计资源，因此更不容易受到客户年报提交截止期限的影响。对于审计师行业专长，具有行业专长的审计师拥有更多的行业专门化知识和经验，了解客户所在行业的经营特点，能够更有效地识别客户可能存在的错报风险，能够对审计资源进行更有效的运用，因而审计质量会较少地受到其客户年报预披露集中度的影响。对于客户业务复杂程度，审计师对于业务复杂的客户需要投入更多的时间和精力，例如执行更多的审计程序，因此当客户年报预披露集中度较高时，业务复杂程度较高的客户的审计质量会受到更大影响。对于被审计客户给审计师带来的截止时间压力，审计师为了满足截止时间的要求，可能会简化审计程序、减少审计投入，从而损害审计质量，因此审计师受到的截止时间压力越大，其客户预披露集中度对审计质量的影响就越大。

本文分别加入审计师客户年报预披露集中度与审计任期（Tenure）、审计师行业专长（SPEC）、客户业务复杂程度（Subsidiary）和审计截止时间压力（Lags）的交互项进行检验。其中，审计任期和审计师行业专长如变量定义表所示；客户业务复杂程度用子公司资产总和占母公司比例来衡量，该指标越大代表客户业务复杂程度越高；审计截止时间压力用客户预披露时滞来衡量，客户预披露时滞越大，代表审计师面临的截止时间压力也越大。在回归检验中，将上述四个指标分别按变量年度中位数进行分组设置虚拟变量，再加入与 SDRange（DDLHHI）的交互项，回归结果如表 3 所示。Panel A 和 Panel B 的结果显示，交互项系数均显著为负，表明审计任期较长和具有行业专长的审计师会抑制客户年报预披露集中度对审计质量造成的负面影响；Panel C 和 Panle D 的结果显示，交互项系数显著为正，表明对于业务复杂程度较高的客户和审计截止时间压力较大的客户，其审计质量受年报预披露集中度的影响更大。表 4 的结果表明，客户年报预披露集中度可以通过增加审计师时间压力和影响审计师对资源的分配两方面影响审计质量。

表 4   机 制 检 验

Panel A：审计任期

	（1）	（2）
因变量	DACC	DACC
SDRange	0.105 ***	
	(4.05)	

续表

	（1）	（2）
SDRange×Tenure	−0.033** （−2.45）	
DDLHHI		0.026*** （3.45）
DDLHHI×Tenure		−0.005* （−1.70）
Controls	Yes	Yes
Industry FE	Yes	Yes
Year FE	Yes	Yes
N	4317	4317
adj. R^2	0.086	0.087

Panel B：审计师行业专长

	（1）	（2）
因变量	DACC	DACC
SDRange	0.061** （2.47）	
SDRange×SPEC	−1.294** （−2.06）	
DDLHHI		0.022*** （3.34）
DDLHHI×SPEC		−0.453* （−1.87）
Controls	Yes	Yes
Industry FE	Yes	Yes
Year FE	Yes	Yes
N	4317	4317
adj. R^2	0.086	0.087

Panel C：客户业务复杂程度

	（1）	（2）
因变量	DACC	DACC
SDRange	0.019 （0.91）	

续表

	（1）	（2）
SDRange×Subsidiary	0.090*	
	(1.95)	
DDLHHI		0.013**
		(2.17)
DDLHHI×Subsidiary		0.010**
		(2.45)
Controls	Yes	Yes
Industry FE	Yes	Yes
Year FE	Yes	Yes
N	4317	4317
adj. R^2	0.086	0.087

Panel D：审计师截止时间压力

	（1）	（2）
	DACC	DACC
SDRange	0.010	
	(0.43)	
SDRange×Lags	0.083*	
	(1.95)	
DDLHHI		0.006
		(0.95)
DDLHHI×Lags		0.012*
		(1.92)
Controls	Yes	Yes
Industry FE	Yes	Yes
Year FE	Yes	Yes
N	4317	4317
adj. R^2	0.087	0.088

注：括号内为 t 值；＊＊＊代表 1%水平上显著；＊＊代表 5%水平上显著；＊代表 10%水平上显著。

4.4　进一步分析

4.4.1　排除审计师业务量的影响

审计师在较短时间内工作量大，一方面可能是因为审计师客户年报预披露集中度较大，另一方面也有可能是审计师客户数量以及业务量增加导致的。本文在主检验中对于自变量的构建已经考虑了审计师客户业务量规模的影响，同时也控制了事务所客户数量。也就是说，本文的回归结果表明，在控制了审计师所审计客户的业务量规模以及客户数量之后，客户年报预披露集中度越高，审计质量越差。

为了进一步排除审计师客户数量及业务量大小对研究结论的影响，本文从如下几个方面进行了实证检验。首先，本文用审计师审计的客户数量代替客户资产总和来衡量审计客户业务量规模，重新计算审计师客户年报预披露集中度（SDRange_number 和 DDLHHI_number），表4的回归结果显示，审计师客户年报预披露集中度与审计质量显著负相关，本文结果仍然成立。其次，本文在控制变量中分别加入事务所客户数量、审计师客户数量、事务所客户数量的变化，以进一步控制事务所及审计师客户数量的影响，未报告的结果显示，审计师客户年报预披露集中度与审计质量显著负相关，本文结论仍然成立。最后，本文选用审计师客户数量一致的子样本进行稳健性检验。根据审计师审计客户数量的分布，选取客户数量为3的子样本和客户数量为3或4的子样本进行检验，未报告的结果显示本文结论仍然成立。因此，本文的检验结果表明，在控制了审计师客户业务量规模以及客户数量之后，审计师客户年报预披露集中度越高，审计质量越差。

表4　　　　　　　　　　　　　　进一步检验：排除审计师业务量的影响

	（1）	（2）
	DACC	DACC
SDRange_number	0.006**	
	(2.18)	
DDLHHI_number		0.006**
		(2.56)
Controls	Yes	Yes
Industry FE	Yes	Yes
Year FE	Yes	Yes
N	4317	4317
adj. R^2	0.086	0.086

注：括号内为 t 值；*** 代表1%水平上显著；** 代表5%水平上显著；* 代表10%水平上显著。

4.4.2　排除预约披露时间变更的影响

本文在计算审计师客户年报预披露集中度时，为避免预约披露时间变更对研究结论造成影响，以首次预约披露时间来计算预披露时滞。为进一步排除预约披露时间变更可能对审计质量造成的影响，本文剔除了预约披露时间发生变更的数据进行检验，回归结果如表 6 第（1）列和第（2）列所示。其次，若公司因延迟披露导致实际披露时间与预约披露时间不同，恰恰表明审计师受到了时间压力的影响，无法按时完成审计工作，从而推迟了披露时间，因此本文又选取了发生延迟披露的公司进行检验，回归结果如表 6 第（3）列和第（4）列所示。结果表明，在预约披露时间与实际披露时间相同的子样本和延迟披露的子样本中，审计师客户年报预披露集中度与审计质量均显著负相关，本文的实证结果依然成立。

表 6　　　　　　　　　进一步检验：排除预约披露时间变更的影响

	（1）	（2）	（3）	（4）
	DACC	DACC	DACC	DACC
SDRange	0.033*		0.107*	
	(1.74)		(1.72)	
DDLHHI		0.011*		0.034**
		(1.71)		(1.99)
Controls	Yes	Yes	Yes	Yes
Industry FE	Yes	Yes	Yes	Yes
Year FE	Yes	Yes	Yes	Yes
N	3255	3255	730	730
adj. R^2	0.057	0.058	0.207	0.201

注：括号内为 t 值；*** 代表 1% 水平上显著；** 代表 5% 水平上显著；* 代表 10% 水平上显著。

4.4.3　排除竞争性解释

若从独立性角度考虑，审计师客户年报预披露时间分布较为集中，有可能是因为审计师在与客户进行谈判时力量较弱，丧失了独立性，从而导致审计质量降低。从会计师事务所与企业之间的供需关系角度考虑，如果审计市场较为集中，则事务所在与客户谈判过程中更具有话语权；但若审计市场较为分散，客户面临较多选择，事务所可能利用低价揽客或用低质量审计换取更多客户。

为排除这种竞争性解释，本文分别采用客户重要性与审计市场集中度来度量审计独立性，探讨其对审计质量的影响。具体而言，采用被审计客户审计收费占事务所审计收费总和的比例来衡量客户重要性（CL），大于中位数则取值为 1，否则为 0；用事务所在每个行业的审计收费市场份额平方和来衡量审计市场集中度（CONC），大于中位数则取值为 1，否则为 0。在回归中分别加入客户重要性（CL）以及审计市场集中度（CONC）与客户年报预披露集中度的交互项，表7的回归结果显示，交互项系数均不显著，表明客户重要性和审计市场集中度均不会影响客户年报预披露集中度与审计质量之间的关系。因此，审计师客户年报预披露集中度并不是通过降低独立性而降低审计质量的，排除了竞争性解释。

表7　　　　　　　　　　　　　　　进一步检验：排除竞争性解释

	（1）	（2）	（3）	（4）
因变量	DACC	DACC	DACC	DACC
SDRange	0.033		0.036**	
	（1.33）		（2.53）	
DDLHHI		0.014*		0.009**
		（1.69）		（2.48）
SDRange×CONC	0.023			
	（0.57）			
DDLHHI×CONC		0.005		
		（0.30）		
SDRange×CL			0.018	
			（0.52）	
DDLHHI×CL				0.014
				（1.24）
Controls	Yes	Yes	Yes	Yes
Industry FE	Yes	Yes	Yes	Yes
Year FE	Yes	Yes	Yes	Yes
N	4317	4317	4317	4317
adj. R^2	0.086	0.086	0.086	0.087

注：括号内为 t 值；*** 代表1%水平上显著；** 代表5%水平上显著；* 代表10%水平上显著。

4.4.4　审计师客户年报预披露集中度与审计收费

当审计师客户年报预披露集中度较高时，公司的审计质量会更差，本文的稳健性检验的结果表明，从事后结果来看，公司更有可能发生财务重述，事务所及其审计师更有可能受到监管处罚。如果审计师意识到较高的年报预披露日期集中度导致审计师可能面临更高的审计风险，那么审计师就会向客户收取更高的审计费用，作为对审计风险的补偿（风险溢价）。本义进一步检验了审计师客户年报预披露集中度与审计收费之间的关系，将模型（2）中的因变量更换为审计收费（LAF），LAF为审计收费的自然对数，回归结果如表 8 所示。结果显示，SDRange 和 DDLHHI 系数均显著为正，这表明审计师对较高的年报预披露日期集中度导致的更高的审计风险收取了额外的风险补偿，从审计师风险补偿的角度对低质量审计进行了检验①。

表 8　　　　　　　进一步检验：审计师客户年报预披露集中度与审计收费

	（1）	（2）
	LAF	LAF
SDRange	0. 135*	
	（1. 69）	
DDLHHI		0. 062**
		（2. 32）
Controls	Yes	Yes
Industry FE	Yes	Yes
Year FE	Yes	Yes
N	4297	4297
adj. R^2	0. 554	0. 648

注：括号内为 t 值；*** 代表 1%水平上显著；** 代表 5%水平上显著；* 代表 10%水平上显著。

4.5　稳健性检验

为确保研究结论的稳健性，本文还进行了如下稳健性检验：

4.5.1　控制不同层面固定效应

考虑到公司特征和审计师特征可能会对年报披露时间的确定和审计质量造成影响，为了缓解内生性问题，本文在模型（2）的基础上，进一步考虑公司与审计师层面的固定效应，分别控制了公司固定效应、审计师固定效应、公司和审计师固定效应，表 9 报告了控制不同层面固定效应的回归结果。结果显示，控制不同层面固定效应之后，SDRange 和 DDLHHI 的回归系数依然显著为正，这表明本文的主要结果是稳健的。

---

①　如果从审计师业务量大小的角度考虑对审计收费的影响，当审计师业务量较大较为忙碌时，分配给每个客户的审计时间和审计投入就会相对减少，审计费用就会降低。本文的结果发现，当审计师客户年报预披露集中度较高时，审计师会收取更高的费用，因此审计费用的变化并非是由审计投入的变化导致的。

表9　　　　　　　　　　　　　　稳健性检验：控制不同层面固定效应

因变量	公司固定效应		审计师固定效应		公司和审计师固定效应	
	（1）	（2）	（3）	（4）	（5）	（6）
	DACC	DACC	DACC	DACC	DACC	DACC
SDRange	0.091***		0.039**		0.092***	
	（2.76）		（2.00）		（2.66）	
DDLHHI		0.018*		0.015***		0.017*
		（1.72）		（3.13）		（1.94）
Controls	Yes	Yes	Yes	Yes	Yes	Yes
Year FE	Yes	Yes	Yes	Yes	Yes	Yes
Firm FE	Yes	Yes	No	No	Yes	Yes
Auditor FE	No	No	Yes	Yes	Yes	Yes
N	4317	4317	4317	4317	4317	4317
adj. R^2	0.296	0.294	0.095	0.095	0.298	0.297

注：括号内为 t 值；*** 代表1%水平上显著；** 代表5%水平上显著；* 代表10%水平上显著。

4.5.2　变更审计质量度量指标

为了缓解本文采用应计盈余质量来衡量审计质量可能产生的度量误差问题，本文分别以财务重述（Restatement）、事务所和审计师被监管处罚（Violation）、审计意见（MAO）对审计质量进行了稳健性检验（DeFond and Zhang，2014）。具体而言，若当年公司发生财务重述且该重述涉及财务数据变更，则 Restatement 取值为1，否则取值为0；若事务所和审计师对其客户当年的审计行为受到了违规处罚，则 Violation 取值为1，否则为0；若审计师出具了非标准审计意见，则 MAO 取值为1，否则为0。

表10报告了上述指标度量审计质量的回归结果。结果显示，Restatement 和 Violation 均与审计师客户年报预披露集中度显著正相关，这表明审计师客户年报预披露集中度越大，公司更有可能发生财务重述，事务所及其审计师更有可能受到监管处罚，公司审计质量越差。MAO 的回归系数并不显著，表明审计师客户年报预披露集中度增加导致企业应计盈余较大，但审计师并未对此出具非标准审计意见，进一步从审计师审计结果角度检验了当客户年报预披露集中度更高时审计质量更低。

表10　　　　　　　　　　　　　　稳健性检验：变更审计质量度量指标

因变量	（1）	（2）	（3）	（4）	（5）	（6）
	Restatement	Restatement	Violation	Violation	MAO	MAO
SDRange	0.071**		0.058*		-0.008	
	（2.52）		（1.95）		（-0.20）	

续表

	（1）	（2）	（3）	（4）	（5）	（6）
DDLHHI		0.023**		0.018*		0.014
		（2.31）		（1.83）		（1.02）
Controls	Yes	Yes	Yes	Yes	Yes	Yes
Industry FE	Yes	Yes	Yes	Yes	Yes	Yes
Year FE	Yes	Yes	Yes	Yes	Yes	Yes
N	4317	4317	4317	4317	4317	4317
adj. R^2	0.156	0.031	0.030	0.030	0.245	0.245

注：括号内为 t 值；***代表 1%水平上显著；**代表 5%水平上显著；*代表 10%水平上显著。

5. 研究结论与启示

本文基于我国独特的年报预约披露制度，研究了审计师客户组合年报预约披露日期集中度对审计质量的影响。研究结果发现，审计师客户年报预披露集中度越高，其所审计客户的财务报表审计质量就越低。进一步研究发现，审计任期较长和具有行业专长的审计师能够抑制客户年报预披露集中度对审计质量造成的负面影响，而当客户业务复杂程度较高、审计截止时间压力较大时，其审计质量受到的影响更为突出。机制检验的结果表明，审计师客户年报预披露集中度通过增加审计师的时间压力，影响审计师对资源的运用和分配，进而影响审计质量。

本文的研究结论对事务所、审计师以及上市公司和监管机构都有一定的启示。对事务所而言，事务所应根据公司实际情况和审计师特征为审计工作分配资源，对人员安排做出合理规划，尽量降低审计师客户年报预披露集中度以提高审计质量；对审计师和上市公司而言，上市公司在向证券交易所预约其财务报告披露的日期时，应与其审计师充分沟通，以便审计师能够对时间和工作进行合理安排和规划；对监管机构而言，应更加关注审计师客户预披露日期分布较为集中时其客户的财务报表情况，这些公司的财务报表审计质量可能会相对较低。本文实证检验了我国年报预约披露制度的有效性，这与证监会要求交易所按照"均衡披露"原则统筹安排上市公司年报预约披露时间的目的是相契合的；同时，本文也为会计师事务所在面临多项任务时，如何向审计师分配任务和资源，进而提升上市公司财务报表审计质量提供了一定的理论参考与实践指导。

◎ 参考文献

［1］韩维芳.会计师事务所特殊普通合伙转制的影响研究——合伙人层面的分析［J］.审计研究，2016（2）.

［2］刘成立. 时间压力下的注册会计师行为——来自一个全国性事务所的调查证据 ［J］. 审计研究，2008（2）.

［3］余玉苗，宋子龙，刘颖斐. 年报预约披露、时间压力传导与独立审计质量 ［J］. 审计研究，2016（2）.

［4］周楷唐，李英，吴联生. 行业专长与审计生产效率 ［J］. 会计研究，2020（9）.

［5］Agoglia, P., Brazel, J., Hatfield, R., Jackson, B. How do audit workpaper reviewers cope with the conflicting pressures of detecting misstatements and balancing client workloads? ［J］. Auditing：A Journal of Practice & Theory, 2010, 29（2）.

［6］Bills, K., Swanquist, Q., Whited, R. Growing pains：Audit quality and office growth ［J］. Contemporary Accounting Research, 2016, 33（1）.

［7］Chapman, K., Drake, M., Schroeder, J., Seidel, T. Earnings announcement delays and implications for the auditor-client relationship ［J］. Review of Accounting Studies, 2021, forthcoming.

［8］Czerney, K., Jang, D., Omer, T. Client deadline concentration in audit offices and audit quality ［J］. Auditing：A Journal of Practice & Theory, 2019, 38（4）.

［9］Dechow, P., Dichev, D. The quality of accruals and earnings：The role of accrual estimation errors ［J］. Accounting Review, 2002, 77（4）.

［10］DeFond, M., Zhang, J. A review of archival auditing research ［J］. Journal of Accounting and Economics, 2014, 58（2-3）.

［11］Ferguson, L. The importance of planning and time management in audit quality ［C］. Speech at the 2016 International Institute on Audit Regulation, 2016.

［12］Glover, S., Hansen, J., Seidel, T. The effect of deadline imposed time pressure on audit quality ［R］. Working paper, Brigham Young University, 2015.

［13］Gul, F., Wu, D., Yang, Z. Do individual auditors affect audit quality? Evidence from archival data ［J］. The Accounting Review, 2013, 88（6）.

［14］Haw, I., Qi, D., Wu, W. Timeliness of annual report releases and market reaction to earnings announcements in an emerging capital market：The case of China ［J］. Journal of International Financial Management and Accounting, 2000, 11（2）.

［15］Jones, J. Earnings management during import relief investigations ［J］. Journal of Accounting Research, 1991, 29（2）.

［16］Kothari, S., Leone, A., Wasley, C. Performance matched discretionary accrual measures ［J］. Journal of Accounting and Economics, 2005, 39（1）.

［17］Lambert, T., Jones, K., Brazel, J., Showalter, D. Audit time pressure and earnings quality：An examination of accelerated filings ［J］. Accounting, Organizations and Society, 2017, 58.

［18］Lo'pez, D., Peters, G. The effect of workload compression on audit quality ［J］. Auditing：A Journal of Practice & Theory, 2012, 31（4）.

The Effect of Auditors' Client Deadline Concentration on Audit Quality

Zhou Kaitang[1]　Zhang Yi[2]

（1, 2　School of Economics and Management, Wuhan University, Wuhan, 430072）

Abstract：Based on the unique scheduled disclosure system for annual reports in China's stock market, we study the effect of auditors' client deadline concentration on audit quality using the data of China's A-share listed firms between 2012 and 2019. The results show that audit quality will decrease with the increase of auditors' client deadline concentration. Further analyses indicate that auditors with longer audit tenure and industry expertise are more likely to inhibit the impact of auditors' client deadline concentration on audit quality. Besides, the effect of auditors' client deadline concentration on audit quality is more pronounced when the complexity of the company is higher and the auditor is under higher deadline pressure. The results suggest that auditors' client deadline concentration affects audit quality by affecting time pressure and resource allocation. This paper is the first to examine the effect of auditors' client deadline concentration on audit quality, which provides theoretical basis for audit firms to arrange tasks and time.

Key words：Annual report disclosure；Auditors' client deadline concentration；Audit quality

专业主编：潘红波

珞珈管理评论

2023 年卷第 2 辑（总第 47 辑）

Luojia Management Review

No. 2，2023（Sum. 47）

人工智能教育能否助力审计质量：
来自审计师层面的经验证据*

● 廖方楠[1]　韩洪灵[2]　侯　菲[3]　龙荟冰[4]

（1　西南大学经济管理学院　重庆　400715；2　浙江大学管理学院　杭州　310058；

3　青岛大学商学院　青岛　266100；4　湖南大学经济与贸易学院　长沙　410079）

【摘　要】审计师智能化是新文科背景下，会计人才与人工智能学科融合之必然产物。本文以 2014—2020 年 A 股上市公司 9777 个公司—年度观测值为样本，在手工收集审计师人工智能教育背景数据的基础上，就人工智能教育能否助力审计质量进行了初步探索。研究结果表明：审计师人工智能教育背景与审计质量显著正相关。这说明审计师受益于技术优势和逻辑占优弱化了审计报告激进程度，从而提高了审计质量，该结论在经过一系列稳健性检验后依然成立。异质性分析发现，审计师人工智能教育背景对审计质量的提升作用主要体现于分所数量少、企业为非国有性质时。此外，审计师人工智能教育背景与 CPA 资格互补，且能有效缓解环境不确定风险。这些研究结果支持人工智能赋能审计质量"效用观"，支持教育部、财政部"新文科建设"中关于社会科学与人工智能学科相融合系列重要政策与举措。

【关键词】审计师　人工智能教育　审计质量

中图分类号：F239.0；F239.1　　　　　文献标识码：A

1. 引言

会计和人工智能学科融合是"新文科建设"的重要抓手，而审计师智能化是会计人才与人工智

* 基金项目：国家社会科学基金重点项目"人工智能时代会计伦理问题研究的理论、规则与治理研究"（项目批准号：22AGL012）；国家自然科学基金重点项目"审计机构治理机制与审计质量研究"（项目批准号：71932003）；教育部产学合作协同育人项目"智能+时代下高校创新应用型人才培养研究与实践——以大数据审计为例"（项目批准号：220603414202205）；国家自然科学基金青年项目"签字审计师红色特质对审计质量的影响研究"（项目批准号：72102119）。

通讯作者：韩洪灵，E-mail：hhl@zju.edu.cn。

能学科融合之必然产物。2020 年，教育部发布《新文科建设宣言》，要求社会科学与人工智能学科相融合，会计学和审计学正属于任务对象。会计顶着"未来最有可能被淘汰的第三类职业"头衔的同时①，全球范围的不确定性却又加剧了审计风险，从而发酵了智能审计需求（如獐子岛"扇贝跑路"持续上演，需要数智审计介入调查）。一时间，审计师是否需要人工智能教育一度成为教育界、实务界和学术界的热议话题。

实务界把人工智能技术运用于审计工作的同时②，学术界关于人工智能赋能审计及其经济后果的研究也逐渐丰富，分为"效率观"和"效用观"：一是"效率观"，认为将人工智能技术运用于合同或文件的阅读工作，能有效提升审计工作效率，且该技术包括自然语言处理和神经网络（罗心澍，2019）；二是"效用观"，认为人工智能技术具有"准确性提升优势"和"审计风险缓解特征"，即自然语言处理、神经网络技术能依据既定审计目标，准确抓取关键文本信息（Kokina et al.，2017），并识别出特殊风险（Rapoport，2016）。由此可见，会计师事务所的信息化技术、人工智能技术有益于审计效率及审计质量，这些有益经验也是本文研究"审计师人工智能教育能否助力审计质量"的重要基础。在审计市场上，审计服务具有服务业特性，故审计结果不可避免地受到审计师个人特征影响，且随着审计理论的研究重心开始尝试由事务所、分所向个人层面倾斜，关于人工智能赋能审计质量的研究还应回归到个人（许锐等，2018），故本文以审计师人工智能教育背景为切入点，试图丰富此主题研究，也为新审计学、会计学之人才培育和职业发展提供决策依据。

本文以中国注册会计师协会网站查询到的审计师毕业院校数据为起始点，依据全球计算机科学专业排行榜（CS Rankings）来挑出人工智能教育相关专业，并使用审计报告激进程度作为审计质量的代理变量，检验审计师人工智能教育背景与审计质量之间的关系。结果表现为：审计师人工智能教育背景与逆审计报告激进程度之间存在显著的正相关关系，说明人工智能教育能提升审计报告的公允性。此外，我们还通过执行一系列稳健性检验来增加研究结果的说服力，包括剔除会计师事务所人工智能技术因素、使用自变量的替代变量、控制会计师事务所层面的固定效应、控制公司层面的固定效应、倾向性得分法来重新执行实证研究，发现研究结果稳健。异质性分析发现，审计师人工智能教育背景对审计质量的提升作用主要体现于分所数量少、企业为非国有时。此外，审计师人工智能教育背景与 CPA 资格互补，且能减少因环境不确定风险导致的审计质量问题。

本文的贡献在于：

第一，丰富了人工智能赋能审计及其经济后果研究，支持"效用观"。已有相关文献主要集中于会计师事务所层面，研究审计师个人特征与审计质量的关系则主要集中于审计任期、审计师经验、行业专长及经济依赖性等（Bae et al.，2016），本文以审计师人工智能教育背景为切入点，为研究审计师人工智能教育背景对审计质量的影响提供了大样本的经验证据。

第二，服务于会计人才培育和劳动力市场需求的变革大局，支持学科融合。一是财政部迅速响

---

① 参见 BBC 与剑桥大学研究者 Michael Osborne 和 Carl Frey 的研究报告《365 份职业未来的"被淘汰概率"》。

② 除德勤于 2019 年与 Kira Systems 达成审计智能化合作外，毕马威也和 IBM 签署合同来探索审计流程智能化，澳大利亚注册会计师协会正探索 Kairos 审计自动化系统。

应教育部"新文科建设"部署①，强调"把握人工智能融合发展契机"。会计与人工智能学科融合意味着审计人才转型已提上日程。为此，是否、多大程度融合能达到既定效果，提升审计结果的公允性，需要全面、持续探讨和检验。二是人工智能专业的人才需求量陡增②，但人工智能与会计、审计专业融合结果尚不可知，故本文就审计师人工智能教育背景能否助力审计质量为话题，试图为有关部门和审计行业发展提供借鉴。

2. 文献回顾与假说发展

现有研究分别从会计师事务所（Balsam et al.，2003；Teoh et al.，1993）和审计师个人（DeFond et al.，2005；Minutti-Meza，2013）层面来探讨审计质量。审计质量的定义是"审计师发现并披露被审计单位的错报及舞弊行为的联合概率"（DeAngelo，1981）。该定义有两个构成要素需要关注：一是行为主体和责任主体是审计师，二是审计师要有发现企业错报和舞弊行为的洞见能力。进一步，依据审计风险模型（Colbert，1988）可推论：提高审计质量，增强审计师洞见能力的重要因素是，提高其自身识别企业重大错报风险，提升设置、执行审计方法及程序的充分性和合理性，以防止审计失败的能力。由于数据获取困难，以往关于人工智能教育与审计质量关系的研究较少，少数研究也主要是问题对策型规范研究和实验研究，且部分研究结论仍存在争议。

依据部分学者的研究结果可推导：审计师人工智能教育背景有益于审计质量。

第一，大数据时代信息爆炸，这加剧了审计师信息搜索、信息阅读、信息整理和信息运用以便识别企业重大错报风险的难度，但受过人工智能教育的审计师凭借编程技能和技术应用能力，可协助审计流程重塑，从而提升审计师洞察能力。在承接与续签审计业务阶段，受过人工智能教育的审计师能编写、运用智能决策辅助程序进行风险评估，如 Krisk 舞弊侦测工具可协助审计师实施客户承接决策（Bell et al.，2002）。在计划、执行和完成审计业务阶段，受过人工智能教育的审计师可编写不同人工智能审计程序，并运用于各种审计过程，包括传感器程序、光学字符识别程序、面部识别程序、自动化程序等，将这些技术运用于分析程序、内部控制测试和实质性测试等，用以减少人为错误，及时发现企业舞弊、贿赂行为（Soeprajitno，2019），并可实现审计循环中的自动预警。

第二，审计师的逻辑思维能力对于审计质量有重要影响。尽管实施控制良好的逻辑思维能力实验存在一定困难（Nanbu，2008），但仍有一些实验研究将审计师能力与审计结果联系起来（Bonner，1990；Libby et al.，1994；McKnight et al.，2011）。Bonner 和 Lewis（1990）与 Bonner（1990）认为知识和能力更能解释为审计师表现的变化值。Libby 和 Tan（1994）进一步论证，解决问题的能力会影响审计师在非结构化任务中的决策表现，且知识通过学习亦与能力相关。受过软件工程、系统工

---

① 2021 年 12 月 27 日，财政部印发《会计行业人才发展规划（2021—2025 年）》，强调"十四五"时期会计人才发展需要推动会计和审计工作数字化转型，第三条第（六）项明确会计行业人才发展的主要任务是促进学科融合。

② 2019 年，武书连《中国大学生新生质量与毕业生质量对照排行榜》显示，在华中科技大学、电子科技大学和上海科技大学等具备人工智能专业优势的高等院校中，毕业生质量呈现跨越式增长。

程和计算机等专业教育的人才普遍是内倾感觉思维判断和外倾感觉思维判断（Smith，1989），这类人才的人格支配型功能是判断维度的逻辑思维功能（Capretz，2003），故受过人工智能教育的审计师具有强逻辑思维能力，能保障执业质量。

根据持反对意见学者的研究结果亦可推导：审计师人工智能教育背景不一定会提高审计质量。一是个人往往会表现出"算法厌恶"（Dietvorst et al.，2015），认为算法缺乏有效执行主观任务的必要能力（Castelo et al.，2019）。二是不确定性会加剧算法厌恶效应（Dietvorst et al.，2020）。当评估管理层复杂估计时，审计师需要同时考虑专家和管理层提供的证据，来形成该估计是否公允的意见（IFIAR，2015；Buchholz，2017）。进一步，复杂估计评估工作是主观行为且涉及不确定性，专家意见与管理者证据相矛盾的现象时有发生（Li et al.，2020）。此时，审计师需要运用职业判断将竞争性证据纳入决策（Buchholz，2017）。信息来源存在竞争的情形使得不同来源信息的信赖权重此消彼长（Birnbaum et al.，1979），审计技术的快速发展和计划使用预示着，人工智能技术相关的系统将成为矛盾性审计证据的关键来源，但"算法厌恶"会使审计师不自觉地低估人工智能系统产生的审计证据的可信度（Commerford et al.，2021）。尽管现有文献尚未完全解释个人为何易受"算法厌恶"效应的影响，但 Castelo 等（2019）研究发现，"算法厌恶"效应可能源于算法信息源天生不如人类信息源的信念，故由此推论，人工智能系统可能无益于审计师职业判断，从而无益于审计质量。

尽管以往规范研究和实验研究文献对人工智能赋能审计工作的经济后果给出了一些有价值的观点，但规范研究是对问题对策的描述性研究，实验研究无法控制事务所特征且是从事务所人工智能化角度展开，而 DeAngelo（1981）认为审计质量由事务所层面决定，DeFond 和 Francis（2005）认为事务所审计质量主要取决于审计师个人特征。因此，在控制了事务所特征后，审计师人工智能教育背景如何影响审计质量？这是已有研究未曾回答的问题。基于此，本文在控制事务所特征的基础上，主要探讨审计师人工智能教育背景是否有益于审计报告的公允性。

依据上述理论观点，我们提出以下对立假设：

H1a：审计师人工智能教育背景与审计质量正相关。

H1b：审计师人工智能教育背景与审计质量无关。

3. 样本选择与研究设计

3.1 样本选择与数据来源

本文数据主要源于 CSMAR 和 CNRDS 数据库。其中，审计师个人的人工智能教育背景数据通过手工整理获得，数据来源于中国注册会计师协会网站。样本期间为 2014—2020 年，选择 2014 年作为起点是因为 CNRDS 审计师数据库中的注册会计师信息子库起始年限为 2014 年。对初始数据做出如下处理：剔除金融类和公共事业行业观测值，剔除 ST、*ST 和 PT 的观测值，剔除主要变量数据缺失的观测值，最终得到 9777 个观测值来检验审计师人工智能教育背景与审计质量的关系。为了避免极端值的影响，我们对所有连续变量在 1% 和 99% 分位进行了 Winsorize 处理。

3.2　研究设计

本文需检验的核心假设是 H1a 和 H1b，且以往文献认为审计报告激进程度是衡量审计质量如审计风格和审计稳健度特征的指标（Gul et al.，2013；许亚湖等，2015），我们将逆审计报告激进程度（FRAgg）与审计师人工智能教育背景（AI）、审计师和会计师事务所特征变量、公司特征变量置于模型（1），进行回归检验。

$$
\begin{aligned}
FRAgg = & \alpha_0 + \alpha_1 AI + \alpha_2 EDU + \alpha_3 FEMALE + \alpha_4 BIG10 + \alpha_5 SPEC + \alpha_6 SIZE + \alpha_7 LEV + \alpha_8 ROA \\
& + \alpha_9 GROWTH + \alpha_{10} LISTAGE + Industry\ and\ Year\ Dummies + \mu + \alpha_{11} TANG \\
& + \alpha_{12} COMPLEX + \alpha_{13} SOE + \alpha_{14} LOSS + \alpha_{15} TENURE
\end{aligned} \tag{1}
$$

$$
\begin{aligned}
MAOs = & \beta_0 + \beta_1 QUICKR + \beta_2 AR + \beta_3 OTHER + \beta_4 INV + \beta_5 ROA + Industry\ and\ Year\ Dummies + \mu \\
& + \beta_6 LOSS + \beta_7 LEV + \beta_8 SIZE + \beta_9 LISTAGE
\end{aligned} \tag{2}
$$

模型（1）中，因变量 FRAgg 是逆审计报告激进程度，现有研究采用审计报告激进程度作为审计质量指标（Gul et al.，2013；闫焕民，2016），在预测审计师发表非标审计意见概率（MAOs）后，通过计算预测审计意见与实际审计意见（MAO）之差（MAOs-MAO）得到，MAOs 的算法参考模型（2）。我们用逆审计报告激进程度指标 FRAgg 作为衡量审计质量指标，FRAgg 值越大，审计报告激进程度越低，审计质量越高。主要自变量 AI 是审计师人工智能教育背景，是则取值为 1，否则为 0。审计师人工智能教育背景（AI）以中国注册会计师协会网站查询到审计师毕业院校数据为起始点，依据全球计算机科学学术机构排行榜，挑出审计师人工智能教育相关专业教育背景，主要包括四类专业，第一类是计算机，第二类是自动化，第三类是数学类，第四类是电子信息类。

我们依据已有研究（Hou et al.，2019；闫焕民等，2020）来分离审计师人工智能教育背景对审计质量的增量效应，模型（1）控制了公司、审计师、事务所三方面特征，包括 EDU、FEMALE、BIG10、SPEC、TENURE、SIZE、LEV、ROE、GROWTH、TANG、COMPLEX、LOSS、SOE 以及行业和年度特征。为保证研究结论稳健，本文对回归模型的标准误实施稳健性调整，并均在公司层面聚类。模型（1）和模型（2）中的变量定义如表 1 所示。

表1　　　　　　　　　　　　　　　　变 量 定 义

变量名	变量定义或计算方法
FRAgg	逆审计报告激进程度，在模型（2）的基础上计算出 MAOs，通过 MAO-MAOs 计算得到
AI	签字审计师人工智能教育背景，签字审计师受过人工智能教育则取值为 1，否则取 0
EDU	审计师教育水平，博士学位取值为 5，硕士取值为 4，本科为 3，大专为 2，中专为 1
FEMALE	审计师性别，审计师是女性则取值为 1，否则为 0
BIG10	十大，会计师事务所是十大之一或其分所则取值为 1（CICPA 年度排名），否则为 0

续表

变量名	变量定义或计算方法
SPEC	会计师事务所行业专长，基于审计上市公司审计费用平方根计算的会计师事务所行业专长 计算公式为：$SPEC = \sum_{j=1}^{j} \sqrt{FEE_{ikj}} / \sum_{k=1}^{K} \sum_{j=1}^{J} \sqrt{FEE_{ikj}}$ 其中：$\sum_{j=1}^{j} \sqrt{FEE_{ikj}}$ 表示事务所 i 在行业 k 中所审计上市公司审计费用平方根之和 $\sum_{k=1}^{K} \sum_{j=1}^{J} \sqrt{FEE_{ikj}}$ 表示事务所审计的所有上市公司审计费用平方根之和
SIZE	公司规模，总资产的自然对数
LEV	财务杠杆，长期负债与总资产比率
ROA	资产收益率，总资产回报率
GROWTH	销售成长，计算公式：$(Sales_t - Sales_{t-1}) / Sales_{t-1}$
LISTAGE	上市年限，企业上市时间
TANG	净实物资产，按总资产规模计算的厂房和设备
COMPLEX	审计复杂程度，（应收账款+存货）/总资产
SOE	企业性质，企业最终控制人是地方（中央）政府或者国有企业则取值为 1，否则为 0
LOSS	企业亏损，企业当年净利润小于 0 则取值 1，否则为 0
TENURE	审计任期，会计师事务所累计为公司提供年报审计的年数
QUICKR	保守速动比率，现金、短期投资或交易性货币资产、应收票据和应收账款之和除以流动负债
AR	应收账款，期末应收账款余额
OTHER	其他应收款，期末其他应收款余额
INV	存货总资产比，期末存货占总资产的比率
MAO	实际审计意见，实际审计意见类型，审计意见为非标准审计意见则取值为 1，否则为 0
Year	年度哑元变量
Industry	行业哑元变量

4. 研究结果分析

4.1 描述性统计和单变量分析

表 2PanelA 报告了主要变量的描述性统计结果。逆审计报告激进程度（FRAgg）的平均值为 −0.050，最小值和最大值分别为 −0.960 和 −0.003，这意味着上市公司之间的审计质量存在较大差异。自变量审计师人工智能教育背景（AI）的平均值为 0.090，这意味着受过人工智能教育的签字审计师为数不多。表 2PanelB 报告了单变量分析的结果，我们将 AI 大于 1 定义为签字审计师人工智能教育背景组，否则为签字审计师无人工智能教育背景组。签字审计师人工智能教育背景组有 8896

个样本，无人工智能教育背景组有 881 个样本，FRAgg 的均值分别为 -0.052 和 -0.033，组间差异在 1% 水平上显著，上述结果初步验证了 H1a。

4.2　回归结果分析

表 3 报告了审计师人工智能教育背景与审计质量关系的回归结果。结果显示，AI 系数为正，且在 1% 水平上显著（0.019，$t=9.42$），故支持假设 H1a。该结果说明审计师人工智能教育背景显著削弱了审计报告激进程度，提升了审计质量。控制变量的符号和显著性显示：（1）LISTAGE、LOSS、LEV 具有显著负系数，说明财务风险高、上市年限久的公司增加了审计难度；（2）SIZE、ROA、TANG、COMPLEX 系数为正且在 1% 水平上显著，说明高审计质量和较好的财务绩效、较大公司规模、高有形资产强度、审计复杂程度相关；（3）SPEC 和 TENURE 系数为正且分别在 10% 和 1% 的水平上显著，说明高审计质量和审计行业专长和审计任期正相关。

表2　描述性统计和单变量检验

Panel A：描述性统计

变量名	观测数	均值	标准差	最小值	25%分位数	中位数	75%分位数	最大值
FRAgg	9777	-0.050	0.142	-0.960	-0.026	-0.014	-0.009	-0.003
AI	9777	0.090	0.286	0.000	0.000	0.000	0.000	1.000
FEMALE	9777	0.677	0.468	0.000	0.000	1.000	1.000	1.000
SIZE	9777	22.323	1.288	19.951	21.420	22.148	23.032	26.135
ROA	9777	0.037	0.065	-0.277	0.013	0.036	0.067	0.212
LEV	9777	0.428	0.198	0.061	0.270	0.421	0.574	0.900
LISTAGE	9777	2.239	0.745	0.000	1.792	2.303	2.890	3.296
GROWTH	9777	0.158	0.395	-0.573	-0.029	0.092	0.249	2.505
BIG10	9777	0.642	0.480	0.000	0.000	1.000	1.000	1.000
SOE	9777	0.362	0.481	0.000	0.000	0.000	1.000	1.000
EDU	9777	2.913	0.618	1.000	3.000	3.000	3.000	5.000
SPEC	9777	0.202	0.149	0.008	0.059	0.176	0.344	0.507
TANG	9777	0.222	0.161	0.003	0.096	0.187	0.314	0.693
COMPLEX	9777	0.256	0.155	0.009	0.137	0.242	0.354	0.678
LOSS	9777	0.108	0.310	0.000	0.000	0.000	0.000	1.000
TENURE	9777	5.425	3.619	1.000	3.000	5.000	7.000	17.000

Panel B：单变量检验

分组变量	变量名	签字审计师人工智能教育背景组		签字审计师无人工智能教育背景组		均值差异	t 值
		样本量	均值	样本量	均值		
AI	FRAgg	8896	-0.052	881	-0.033	-0.019	-3.712***

注：*、**、*** 分别表示在 10%、5%、1% 水平上显著，下同。

表 3   审计师人工智能教育背景与审计质量

变　量　名	FRAgg
AI	0.019 ***
	(9.42)
FEMALE	−0.006 **
	(−2.22)
SIZE	0.017 ***
	(10.69)
ROA	0.417 ***
	(11.69)
LEV	−0.130 ***
	(−10.79)
LISTAGE	−0.024 ***
	(−9.77)
GROWTH	0.001
	(0.27)
BIG10	−0.006 **
	(−2.12)
SOE	0.023 ***
	(6.86)
EDU	0.000
	(0.14)
SPEC	0.025 *
	(1.76)
TANG	0.056 ***
	(5.18)
COMPLEX	0.082 ***
	(6.85)
LOSS	−0.100 ***
	(−12.60)
TENURE	0.001 ***
	(3.44)
年份	控制
行业	控制

续表

变　量　名	FRAgg
样本量	9777
调整 R^2	0.239

5. 异质性分析与影响机制检验

5.1 异质性分析

5.1.1 分所数量分层检验

近年来，各会计师事务所分所爆雷现象频现，如康得新、康美、獐子岛事件等。不难看出，会计师事务所分所审计质量与总所分层。那么，不同会计师事务所分所数量（OFFICE_NUM）对审计师人工智能教育背景与审计质量的关系有何影响？本文按照分所数量差异来分析人工智能教育背景与审计报告激进程度的关系，定义分所数量较多则 OFFICE_NUM 取值为 1，否则为 0。

表 4 列（1）是按照分所数量差异来分析审计师人工智能教育背景与审计质量关系的回归结果，AI 的系数在 1% 的水平上显著为正，而 AI×OFFICE_NUM 系数在 5% 的水平上显著为负，表明审计师人工智能教育背景对于审计质量的提升作用主要体现在分所数量少的事务所中。

5.1.2 产权性质分层检验

高质量审计有助于缓解非国有企业的融资约束，而审计师人工智能教育背景是否有益于非国有企业尚不可知，本文按照国有/非国有企业性质（SOE）差异来检验审计师人工智能教育背景与审计质量的关系。

表 4 列（2）是按照不同产权性质来分析审计师人工智能教育背景与审计质量关系的回归结果，AI×SOE 的系数在 10% 的水平上显著为负，这说明人工智能教育背景对于审计质量的提升作用有益于非国有企业。

表 4　　　　　　　　　　　　　　　　异质性检验

变量名	FRAgg	
	（1）	（2）
AI	0.027***	0.022***
	(6.57)	(8.16)
AI×OFFICE_NUM	−0.011**	
	(−2.14)	

续表

变量名	FRAgg	
	（1）	（2）
OFFOCE_NUM	0.004	
	（1.09）	
AI×SOE		-0.007*
		（-1.94）
SOE	0.030***	0.024***
	（6.82）	（6.70）
FEMALE	-0.008**	-0.006**
	（-2.42）	（-2.20）
SIZE	0.013***	0.017***
	（5.88）	（10.69）
ROA	0.449***	0.417***
	（10.08）	（11.69）
LEV	-0.108***	-0.130***
	（-6.58）	（-10.77）
LISTAGE	-0.024***	-0.024***
	（-7.13）	（-9.77）
GROWTH	0.004	0.001
	（0.62）	（0.26）
BIG10	-0.008**	-0.006**
	（-1.99）	（-2.10）
EDU	-0.000	0.000
	（-0.16）	（0.15）
SPEC	0.036*	0.026*
	（1.87）	（1.79）
TANG	0.056***	0.056***
	（3.88）	（5.17）
COMPLEX	0.068***	0.082***
	（4.20）	（6.85）
LOSS	-0.103***	-0.100***
	（-9.71）	（-12.60）

续表

变量名	FRAgg	
	（1）	（2）
TENURE	0.001**	0.001***
	（2.27）	（3.43）
年份	控制	控制
行业	控制	控制
样本量	5703	9777
调整 R^2	0.249	0.239

5.2　影响机制检验

5.2.1　CPA 资格调节机制检验

上文实证结果显示，审计师人工智能教育背景有助于提升审计质量。根据理论分析部分，该效应是源于对审计师会计、审计能力的替代机制还是补充机制还需进一步检验。获取 CPA 资格（注册资格）是审计师会计、审计能力被职业认可的标志，本文按照 CPA 资格来检验审计师人工智能教育背景与审计质量的关系，表 5 列（1）是该机制检验的结果。

表 5 列（1）显示，AI、AI×CPA 的系数均在 5% 的水平上显著为正，说明人工智能教育背景作为第二专长弥补了 CPA 资格的短板。这意味着人工智能专长与会计、审计专长在一定程度上互补，会计、审计第一专长与智能技术、逻辑第二专长融合后可形成合力，作用于审计报告质量，表现为较公允的审计结果，提升审计师洞察风险的能力，进一步支持人工智能赋能审计质量的"效用观"，支持学科"融合"政策和系列举措。

5.2.2　环境不确定风险调节机制检验

进一步，虽然审计师人工智能教育背景能提升审计质量，但能否助力审计师洞察企业重大错报风险，通过降低环境不确定风险来保障执业质量，还需实证检验。本文借鉴 Ghosh 和 Olsen（2009）、申慧慧等（2012）的思想，计算环境不确定风险（EU）：首先，将公司过去 5 年非正常销售收入的标准差除以过去 5 年销售收入的平均值，得到未经行业调整的环境不确定性；然后，计算同年度同行业内所有公司未经行业调整的环境不确定风险的中位数，得到行业环境不确定风险；最后，将各公司未经行业调整的环境不确定风险除以行业环境不确定风险，得到公司经行业调整后的环境不确定风险（EU）。表 5 列（2）是该机制检验的结果。

表 5 列（2）显示，AI、AI×EU 的系数分别在 5%、1% 的水平上显著为正。该结果侧面佐证了理论分析部分，审计师人工智能教育背景一定程度上反映了审计师的逻辑思维能力优势，支持其"审

计风险缓解特征"，这意味着审计师人工智能教育背景能有效弱化因外部环境不确定导致的审计风险，从而保障审计质量。

表 5　　　　　　　　　　　　　　　　影响机制检验

变量名	FRAgg	
	（1）	（2）
AI	0.011**	0.008**
	（2.31）	（2.11）
AI×CPA	0.010**	
	（1.99）	
CPA	0.004	
	（1.17）	
AI×EU		0.011***
		（4.29）
EU		−0.011***
		（−4.33）
FEMALE	−0.005**	−0.007**
	（−2.16）	（−2.41）
SIZE	0.017***	0.018***
	（10.68）	（10.07）
ROA	0.417***	0.446***
	（11.65）	（10.72）
LEV	−0.130***	−0.138***
	（−10.77）	（−10.12）
LISTAGE	−0.024***	−0.028***
	（−9.77）	（−7.62）
GROWTH	0.001	0.015**
	（0.27）	（2.15）
BIG10	−0.006**	−0.008**
	（−2.10）	（−2.47）
SOE	0.023***	0.024***
	（6.86）	（6.54）
EDU	0.000	−0.001
	（0.09）	（−0.41）

续表

变量名	FRAgg	
	（1）	（2）
SPEC	0.026*	0.040**
	(1.79)	(2.34)
TANG	0.056***	0.054***
	(5.18)	(4.45)
COMPLEX	0.082***	0.081***
	(6.84)	(5.83)
LOSS	−0.100***	−0.092***
	(−12.61)	(−10.83)
TENURE	0.001***	0.001**
	(3.47)	(2.56)
年份	控制	控制
行业	控制	控制
样本量	9777	7970
调整 R^2	0.239	0.251

6. 稳健性检验

6.1 考虑事务所层面人工智能技术因素的稳健性检验

上文实证结果表明，审计师人工智能教育背景有助于提升审计质量。但容易受到质疑的一点是，该提升效应可能源于事务所层面的人工智能技术因素。参考杨扬（2020）对事务所人工智能技术引入的定义和衡量方式，我们手工搜集 2014—2020 年事务所人工智能技术引入情形的数据，并剔除此类会计师事务所审计的公司—年度样本来进行稳健性检验：分别考虑不包括事务所引入人工智能技术当年（AF_AI1）、包括事务所引入人工智能技术当年（AF_AI2）两类标准，并采用控制行业和年度效应的 FE 模型、控制事务所效应的 FE 模型，以及控制公司、行业和年份的 FE 模型来重新回归。表 6 报告了回归结果。

表 6 显示，不管是在 AF_AI1 组，还是 AF_AI2 组，审计师人工智能教育背景（AI）的系数至少在 10%的水平上显著为正，且其他控制变量与现有审计质量研究文献的方向基本一致（闫焕民，2016；杨扬，2020），本文的研究结论仍然稳健。

表 6 考虑事务所人工智能技术因素的稳健性检验

变量名	FRAgg					
	AF_AI1			AF_AI2		
AI	0.020***	0.020***	0.017**	0.015***	0.015***	0.019*
	(8.14)	(7.62)	(2.08)	(4.29)	(4.17)	(1.85)
控制变量	控制	控制	控制	控制	控制	控制
年份	控制	控制	控制	控制	控制	控制
行业	控制	控制	控制	控制	控制	控制
公司	不控制	不控制	控制	不控制	不控制	控制
事务所	不控制	控制	不控制	不控制	控制	不控制
样本量	7331	7324	7331	8125	8118	8125
调整 R^2	0.216	0.217	0.105	0.217	0.219	0.121

6.2 其他稳健性检验

6.2.1 使用自变量的代理变量

借鉴 Hou 等（2019）的思想，我们考虑使用自变量的其他代理变量（AI_EDU）来衡量审计师人工智能教育背景。AI_EDU 被定义为，若签字审计师获得人工智能专业相关的博士学位则 AI_EDU 取值为 5，若获得人工智能专业相关的硕士学位则 AI_EDU 取值为 4，若是本科学位则为 3，大专学位则为 2，中专则为 1。表 7 列（1）中的回归结果显示，AI_EDU 与 FRAgg 显著正相关，进一步支持假设 H1a。

6.2.2 控制事务所固定效应的稳健性检验

我们进一步控制了会计师事务所的固定效应，来检验审计师个人特征的作用。表 7 列（2）的回归结果显示，AI 与 FRAgg 显著正相关，结果仍然稳健，进一步支持假设 H1a。

6.2.3 控制公司固定效应的稳健性检验

为减少潜在的遗漏变量问题，我们进一步控制了公司层面的固定效应。表 7 列（3）的回归结果再次验证了假设 H1a，说明在考虑其他潜在因素的影响后，审计师人工智能教育背景对审计质量的积极作用没有质的改变。

6.2.4　倾向性得分匹配法

为减少可能的自选择偏差，我们采用倾向性得分匹配法为实验样本（选择人工智能教育背景审计师的客户公司）寻找匹配样本，进行稳健性检验。与 Giannetti 等（2015）的做法一致，将 FEMALE、SIZE、年份和行业等全部控制变量放入倾向得分匹配模型，基于"一配一、无放回"原则，并使用±0.5% 作为倾向性得分的尺度，将选择人工智能教育背景审计师的客户公司（实验样本）与没有选择人工智能教育背景审计师的客户公司（匹配样本）配对。表 7 列（4）报告了检验结果，AI 与 FRAgg 显著正相关，研究结论稳健。

表 7　　　　　　　　　　　　　　　其他稳健性检验

变量名	FRAgg			
	（1）	（2）	（3）	（4）
AI_EDU	0.006***			
	（9.45）			
AI		0.019***	0.014**	0.030***
		（8.76）	（2.18）	（5.46）
控制变量	控制	控制	控制	控制
年份	控制	控制	控制	控制
行业	控制	控制	控制	控制
事务所	不控制	控制	不控制	不控制
公司	不控制	不控制	控制	控制
样本量	9777	9770	9777	1762
调整 R^2	0.239	0.240	0.151	0.295

7. 研究结论与政策建议

随着新文科建设的兴起，人工智能能否助力各行业发展逐渐引起研究者的广泛关注。鉴于审计质量对于减少信息不对称、确保资本市场的正常运行至关重要，研究者们将会计师事务所层面的分析降维细化到审计师层面，然而，尚缺乏将审计师层面的人工智能教育背景与审计质量关联起来的研究。基于会计、审计新文科人才建设的现实背景，研究审计师人工智能教育背景对审计质量的影响具有重要的现实意义和一定的理论价值。

本研究以 2014—2020 年中国上市公司为样本，考察了审计师人工智能教育背景对审计质量的影响，与理论预测一致，审计师人工智能教育背景与逆审计报告激进程度之间存在显著的正相关关系，这意味着审计师人工智能教育背景能提高审计报告的公允性。此外，我们还执行了一系列稳健性检验来增加研究结果的说服力。异质性分析发现，审计师人工智能教育背景对审计质量的提升作用主要体现于分所数量少、企业为非国有时。此外，审计师人工智能教育背景与 CPA 资格互补，且能有效缓解因环境不确定风险导致的审计质量问题，保障执业质量。本研究丰富了人工智能与审计行为、结果的经验研究文献，并为审计质量的影响因素提供了额外的实证证据。

为促进会计、审计新文科人才建设战略的顺利落地，维护资本市场的健康发展，本文提出以下建议：

第一，各高校会计、审计专业应促"融合"、抓"创新"，积极调整、优化专业结构，减少传统会计、审计课程的课时占比，促进会计学、审计学专业优化升级，确保新文科人才建设战略顺利实施。

第二，为确保各区域会计、审计人才的供需相匹配，促进学业、业界优势互补，各高校应完善全链条育人机制，人才培养模式要强调商能融合、学识贯通，各人力、社保部门要促进新会计和新审计人才就业机会，完善聘用方式和强化社会保障。

第三，为进一步提升审计质量，提高审计师胜任能力并与时俱进，各高校、业界和相关部门要处理好会计与科技关系中的"变"与"不变"，促进审计行业稳健发展，确保资本市场的有序运行。

◎ 参考文献

[1] 罗心澍. 审计准则改革对审计质量的影响——基于我国 A 股上市公司的实证研究 [J]. 财政监督，2019（3）.

[2] 申慧慧，于鹏，吴联生. 国有股权、环境不确定性与投资效率 [J]. 经济研究，2012，47（7）.

[3] 许锐，郑鑫成，王艳艳. 审计师个人声誉受损是否会影响其职业生涯？[J]. 财务研究，2018（1）.

[4] 许亚湖，王婷. 大数据时代管理会计的变革 [J]. 财会通讯，2015（16）.

[5] 闫焕民，王浩宇，张雪华. 审计师工作量压力、组织支持与审计意见决策 [J]. 管理科学，2020，33（4）.

[6] 闫焕民. 签字会计师个人执业经验如何影响审计质量？——来自中国证券市场的经验证据 [J]. 审计与经济研究，2016，31（3）.

[7] 杨扬. 人工智能技术对审计质量的影响——基于会计师事务所视角的实证研究 [J]. 技术经济，2020，39（5）.

[8] Bae, G. S., Choi, S. U. K., Rho, J. H. W. A. Audit hours and unit audit price of industry specialist auditors: Evidence from Korea [J]. Contemporary Accounting Research, 2016, 33（1）.

[9] Balsam, S., Krishnan, J., Yang, J. S. Auditor industry specialization and earnings quality [J].

Auditing：A Journal of Practice & Theory，2003，22（2）.

［10］Bell，T. B.，Bedard，J. C.，Johnstone，K. M.，Smith，E. F. KRiskSM：A computerized decision aid for client acceptance and continuance risk assessments［J］. Auditing：A Journal of Practice & Theory，2002，21（2）.

［11］Birnbaum，M. H.，Stegner，S. E. Source credibility in social judgment：Bias，expertise，and the judge's point of view［J］. Journal of Personality and Social Psychology，1979，37（1）.

［12］Bonner，S. E.，Lewis，B. L. Determinants of auditor expertise［J］. Journal of Accounting Research，1990，28.

［13］Bonner，S. E. Experience effects in auditing：The role of task-specific knowledge［J］. Accounting Review，1990，65（1）.

［14］Buchholz，A.，Nicolas，C. Public company accounting oversight board（PCAOB）：Proposed changes to the independent auditor's report［J］. Journal of the CPA Practitioner，2011（5）.

［15］Capretz，L. F. Personality types in software engineering［J］. International Journal of Human-Computer Studies，2003，58（2）.

［16］Castelo，N.，Bos，M. W.，Lehmann，D. Let the machine decide：When consumers trust or distrust algorithms［J］. NIM Marketing Intelligence Review，2019，11（2）.

［17］Colbert，J. L. Inherent risk：An investigation of auditors' judgments［J］. Accounting，Organizations and Society，1988，13（2）.

［18］Commerford，B. P.，Dennis，S. A.，Joe，J. R.，Ulla，J. W. Man versus machine：Complex estimates and auditor reliance on artificial intelligence［J］. Journal of Accounting Research，2022，60（1）.

［19］DeAngelo，L. E. Auditor size and audit quality［J］. Journal of Accounting and Economics，1981，3（3）.

［20］DeFond，M. L.，Francis，J. R. Audit research after Sarbanes-Oxley［J］. Auditing：A Journal of Practice & Theory，2005，24（S1）.

［21］Dietvorst，B. J.，Bharti，S. People reject algorithms in uncertain decision domains because they have diminishing sensitivity to forecasting error［J］. Psychological Science，2020，31（10）.

［22］Dietvorst，B. J.，Simmons，J. P.，Massey，C. Algorithm aversion：People erroneously avoid algorithms after seeing them err［J］. Journal of Experimental Psychology：General，2015，144（1）.

［23］Ghosh，D.，Olsen，L. Environmental uncertainty and managers' use of discretionary accruals［J］. Accounting，Organizations and Society，2009，34（2）.

［24］Ghosh，D.，Olsen，L. Environmental uncertainty and managers' use of discretionary accruals［J］. Accounting，Organizations and Society，2009，34（2）.

［25］Giannetti，M.，Liao，G.，Yu，X. The brain gain of corporate boards：Evidence from China［J］.

The Journal of Finance, 2015, 70 (4).

［26］ Gul, F. A., Wu, D., Yang, Z. Do individual auditors affect audit quality? Evidence from archival data ［J］. The Accounting Review, 2013, 88 (6).

［27］ Hou, F., Liao, F., Liu, J., Xiong, H. Signing auditors' foreign experience and debt financing costs: Evidence for sustainability of Chinese listed companies ［J］. Sustainability, 2019, 11 (23).

［28］ International Forum of Independent Audit Regulators (IFIAR). Report on 2014 survey of inspection findings ［R/OL］. (2015-03-03) ［2023-02-13］. https://www.ifiar.org/? wpdmdl=2064.

［29］ Knechel, W. R., Krishnan, G. V., Pevzner, M., Shefchik, L. B., Velury, U. K. Audit quality: Insights from the academic literature ［J］. Auditing: A Journal of Practice & Theory, 2013, 32 (S1).

［30］ Knechel, W. R., Payne, J. L. Additional evidence on audit report lag ［J］. Auditing: A Journal of Practice & Theory, 2001, 20 (1).

［31］ Kokina, J., Davenport, T. H. The emergence of artificial intelligence: How automation is changing auditing ［J］. Journal of Emerging Technologies in Accounting, 2017, 14 (1).

［32］ Li, R., Hu, F. Public listing and corporate social responsibility from a sustainability risk management perspective ［J］. Amfiteatru Economic, 2020, 22 (55).

［33］ Libby, R., Tan, H. T. Modeling the determinants of audit expertise ［J］. Accounting, Organizations and Society, 1994, 19 (8).

［34］ McKnight, C. A., Wright, W. F. Characteristics of relatively high-performance auditors ［J］. Auditing: A Journal of Practice & Theory, 2011, 30 (1).

［35］ McKnight, C. A., Wright, W. F. Characteristics of relatively high-performance auditors ［J］. Auditing: A Journal of Practice & Theory, 2011, 30 (1).

［36］ Minutti-Meza, M. Does auditor industry specialization improve audit quality? ［J］. Journal of Accounting Research, 2013, 51 (4).

［37］ Nanbu, H. Religion in Chinese education: From denial to cooperation ［J］. British Journal of Religious Education, 2008, 30 (3).

［38］ Rapoport, M. Auditing firms count on technology for backup ［R/OL］. (2016-03-07) ［2023-02-13］. https://www.wsj.com/articles/auditing-firms-count-on-technology-for-backup-1457398380.

［39］ Smith, D. C. The personality of the systems analyst: An investigation ［J］. ACM SIGCPR Computer Personnel, 1989, 12 (2).

［40］ Soeprajitno, R. R. W. N. Potensi artificial intelligence (AI) menerbitkan opini auditor? ［J］. Jurnal Riset Akuntansi Dan Bisnis Airlangga, 2019, 4 (1).

［41］ Teoh, S. H., Wong, T. J. Perceived auditor quality and the earnings response coefficient ［J］. Accounting Review, 1993, 68 (2).

Can AI Education Contribute to Audit Quality: Empirical Evidence from the Auditor Level

Liao Fangnan[1]　Han Hongling[2]　Hou Fei[3]　Long Huibing[4]

（1　College of Economics and Management, Southwest University, Chongqing, 400715;

2　School of Management, Zhejiang University, Hangzhou, 310058;

3　School of Business, Qingdao University, Qingdao, 266100;

4　School of Economics and Trade, Hunan University, Changsha, 410079）

Abstract：Auditor intelligence is the inevitable outcome of the integration of accounting talents and artificial intelligence under the background of new liberal arts. Based on 9777 annual observation data of A-share listed companies from 2014 to 2020 and use the manual collection of auditor Artificial Intelligence (AI) education background, this paper makes a preliminary exploration on whether AI education can help audit quality. Research results show that AI education background is positively associated with the auditor audit quality. It indicates that the auditors benefit from technology advantage and logical dominant, which reduce the radical degree of audit reporting, to improve the audit quality. The results remain robust after a series of re-regressions. Heterogeneity analysis show the effect is mainly reflected in accounting firms have small number of branches and non-state-owned firms. In addition, there is a complementary effect between AI education and CPA qualification, and AI education background can improve audit quality by alleviating environmental uncertainty risks. These findings support the "utility view", supporting a series of important policies and measures concerning the integration of social sciences and AI disciplines in the "New Liberal Arts Construction" of MOE and MOF.

Key words：Auditor; Artificial intelligence education; Audit quality

专业主编：潘红波

珞珈 管理评论

2023 年卷第 2 辑（总第 47 辑）

Luojia Management Review

No. 2，2023（Sum. 47）

基于开放系统视角探索跨渠道整合的前因与结果[*]

● 钱丽萍[1]　王懿瑶[2]　薛佳奇[3]　江荣杰[4]

（1，2，4　重庆大学经济与工商管理学院　重庆　400044；

3　对外经济贸易大学国际商学院　北京　100029）

【摘　要】 虽然越来越多的传统零售企业意识到跨渠道整合的重要性，但是在实施跨渠道整合过程中仍面临诸多问题。已有研究讨论了多种因素对跨渠道整合的线性关系，但尚未获得一致结论，原因之一可能是这些研究未能从整体和系统的视角厘清变量之间的相互作用。基于开放系统理论，本研究探讨了在不同经济发展水平下，财务资源、高管经验、线上经验、线下经验、顾客异质性和行业竞争性六大因素对传统零售企业跨渠道整合程度的影响，以及跨渠道整合程度对利润增长率的影响。本研究利用 91 家中国上市的传统零售企业的二手数据，采用 fsQCA 和 OLS 回归验证了上述关系。结果表明：跨渠道整合有助于提升企业的利润增长率，但不同地区的企业实施跨渠道整合的路径存在显著差异。经济发达地区的企业属于内部经验主导型，高管经验和渠道运营经验是实现跨渠道整合的重要推力，财务资源的作用有限；而经济欠发达地区的企业实施跨渠道整合的过程呈现多样性的特点，企业既可通过充裕的财务资源和丰富的线上经验推动跨渠道整合，也可通过线下经验和行业竞争的交互作用实现跨渠道整合。本研究厘清了不同经济发展地区的企业实施跨渠道整合的路径，验证了跨渠道整合的作用效果，拓展了有关跨渠道整合的前因和结果研究，帮助传统零售企业的管理者从系统的视角来理解跨渠道整合的复杂性，并为其提供更为具体和有针对性的指导意见。

【关键词】 跨渠道整合　开放系统理论　内外部环境　利润增长率　fsQCA

中图分类号：F274　　　　　文献标识码：A

---

* 基金项目：教育部人文社科一般项目"跨渠道整合战略对渠道控制机制选择及绩效的影响研究"（项目批准号：21XJA630006）；重庆市研究生科研创新项目"基于区块链技术的智能合约的作用效果研究"（项目批准号：CYB21049）；教育部人文社科规划基金项目"零售商跨渠道整合的驱动机制和影响效果研究：基于开放系统理论的整合模型"（项目批准号：20YJA630075）。

通讯作者：王懿瑶，E-mail：wangyiyao@ cqu. edu. cn。

1. 引言

为响应国家关于加快企业线上线下融合、促进数字化转型的政策号召，传统零售企业开始推进线上和线下消费场景的深度融合（即跨渠道整合），并以此满足顾客需求，提升渠道运营效率。但企业在实施跨渠道整合过程中仍面临诸多内外部挑战，如竞争态势变化（Cao & Li，2018）、顾客需求波动（张沛然等，2017）、高管经验不足等（臧树伟等，2021），且上述因素通常交织在一起共同作用。然而，诸多传统零售企业并未意识到跨渠道整合中多种挑战的复杂性和整体性，未从复杂系统视角审视跨渠道整合战略，由此引发渠道冲突、顾客不满等问题，继而陷入难以实施跨渠道整合的困境。

以往研究从不同理论视角探讨了内外部因素如何影响企业的跨渠道整合，但仍存在以下不足。首先，以往研究主要基于企业内部或者外部的单一视角展开研究，未从内外部因素整合的视角展开研究。其次，企业内外部因素对跨渠道整合的影响存在相互矛盾的结果。最后，跨渠道整合在提升销售收入的同时增加了成本，需要厘清其对利润的作用。总括之，现有研究聚焦于某一因素与跨渠道整合之间的线性关系，缺乏用整体、系统的视角厘清变量之间的相互作用，导致结论不尽相同，也未能揭示跨渠道整合对利润的影响。

鉴于此，本研究认为跨渠道整合体现了企业从多渠道独立体系向多渠道融合系统的转变，本质上是企业渠道系统的升级转型，是一项复杂的系统工程，会受到多种内外部因素的复杂影响。据此，本研究基于开放系统理论，利用 fsQCA 方法和 OLS 分析，回答如下问题：（1）影响传统零售企业跨渠道整合的重要因素有哪些？（2）这些因素如何构成组态，进而提高企业的跨渠道整合程度？这种影响是否会因为经济环境的变化而变化？（3）跨渠道整合如何影响企业利润增长？

2. 文献回顾与理论模型

2.1 开放系统理论与跨渠道整合

开放系统理论认为组织（企业）是一个开放动态的系统，系统与外部环境进行交互，不存在绝对稳态，而是保持相对稳态，即：当受到外部环境影响时，系统为了适应新的环境，会改变现有系统状态，并重新建立新的稳态（Von Bertalanffy，1950）。因此，开放系统理论常用于解释组织从旧稳态变化到新稳态的过程，并分析这一过程的动因和结果。在跨渠道整合情境中，跨渠道整合体现了企业对线上线下渠道进行重新设计、合理分配渠道功能、实现顾客跨渠道无缝体验的管理过程（Cao & Li，2015），本质上是企业从多渠道并行的稳态进化到渠道融合的新稳态。因而，跨渠道整合可被视为组织"稳态"发展的过程。基于开放系统理论，本研究将传统零售企业的跨渠道整合战略视作开放系统的核心，将不同的内外部因素视作组织接收到的不同信息，厘清这些因素有什么不同的交互影响、互动机制和有益于跨渠道整合的组态，进而推动企业实施跨渠道整合，最终提高企业的经营能力。

2.2 跨渠道整合的先决条件

在解释组织从旧稳态变化到新稳态的动因中，开放系统理论强调组织的运作依赖于组织内部的资源供给，组织升级本质上是组织内部资源（能量）传输方式升级，因此组织内部资源是影响组织转化的关键因素（Ruekert et al.，1985）；开放系统理论亦强调企业外部环境的特征是组织进行稳态发展的关键诱因（Furst et al.，2017），组织从旧稳态转化到新稳态就是为了适应环境。基于开放系统视角，Furst 等（2017）认为渠道系统转变会受到组织内部因素和外部因素的交互影响。据此，本研究从内部和外部要素两个方面探讨组织进行跨渠道整合的动因。

2.2.1 组织内部要素

开放系统理论认为组织进行稳态发展不仅取决于企业拥有的对应资源，也依赖于企业运用资源的能力（Ruekert et al.，1985），企业需要对两者进行评估才能做出合理的决策，使得组织能够适应环境，进行新—旧稳态的转化。因此，在实施跨渠道整合之前，企业不仅要识别关键资源，还需拥有对关键资源进行综合研判的能力。跨渠道整合是企业渠道体系的变革，体现了企业的一种管理创新，需要相应资源的支撑。财务资源通常被视为企业运营、创新的基础资源（汪旭晖等，2018），企业的知识储备与知识获取被认为是企业合理运用资源实现创新的关键（Wang et al.，2015）。因此，本研究将企业财务资源、高管经验和渠道运营经验视为核心内部要素。

首先，财务资源是组织实施渠道战略、渠道系统升级的关键资源（Luo et al.，2016）。企业需要财务资源以支撑渠道建设，如设备购置（Luo et al.，2016）、人才招募、组织架构调整（Tagashira & Minami，2015）；但也有研究认为充裕的财务资源会阻碍企业进行跨渠道整合（Cao & Li，2018）。基于开放系统理论，本研究认为财务资源对跨渠道整合这一组织升级的影响是与其他因素组合在一起发挥作用的，以往研究简单分析其对跨渠道整合的单一影响才导致了冲突的研究结果。因此，本研究将探索财务资源与其他因素对跨渠道整合的共同作用。

其次，基于开放系统理论，企业实施跨渠道整合这一组织升级的战略决策时，不仅需要企业投入资金用于渠道改造，同时也需要企业拥有充分使用资源的能力。组织战略决策实施时需要合理使用资源，其势必会受到企业战略"决策制定者"的知识与视野的影响，即需要企业高管有敏锐的洞察力和判断力。有学者指出高管经验有助于企业更好地应对经营危机和机遇（Wang et al.，2015）。跨渠道整合需要企业对渠道功能进行重新设计和分配，实现线上、线下渠道功能协同互补。在这一过程中，企业面临诸多不确定性，经验丰富的高管对线上、线下渠道的认知更为准确，能够有效分析企业内外部环境，迅速做出有益于跨渠道整合的恰当决策。因此，本研究将高管经验作为影响企业跨渠道整合的重要内部因素。

最后，企业的线上线下渠道运营经验是组织发展新稳态（跨渠道整合）的重要内部能力要素。随着电子商务的发展，不少传统零售企业开设线上渠道，形成了线上、线下渠道并存的状态。跨渠道整合强调企业从多渠道独立运行的状态升级到线上线下渠道相互融合的状态，因而企业以往的渠道运营经验就成为跨渠道整合能否有效实施的关键因素。尽管已有学者指出需要考察企业不同渠道运营经验对跨渠道整合的影响（Cao & Li，2015），但鲜有研究从实证角度考察线上线下渠道运营经验对企业跨渠道整合的影响效果。因此，本研究关注了企业的线上线下渠道运营经验如何与其他内外部因素一起作用于跨渠道整合。

2.2.2　组织外部要素

开放系统理论认为除了内部组织的资源要素和能力要素会影响组织升级以外，外部环境会与组织进行交互，引起系统结构改变，即组织进行升级，从现有稳态进入新稳态（Furst et al.，2017）。在跨渠道整合的过程中，企业不仅要面对各种需求的顾客群体（王茜等，2020），也需要抵御行业中其他零售企业的竞争（Cao and Li，2018），还需要考虑自身所处地区的经济发展水平（张慧等，2017）。因此，剖析顾客异质性、行业竞争程度和经济发展水平的影响能够厘清系统外部要素与跨渠道整合的关系。

（1）现有研究已经注意到顾客异质性对跨渠道整合的影响（Jindal et al.，2007），但其作用效果还有待进一步厘清。顾客异质性是指顾客需求的多样性（Furst et al.，2017）。一般而言，跨渠道整合被视为企业满足多样化顾客需求而采取的战略举措，因此顾客异质性会推动企业实施跨渠道整合（王茜等，2020）。同时，顾客异质性高又意味着企业面临更为复杂、动荡的外部环境，为企业决策带来了更大挑战和风险，不利于企业实施跨渠道整合（Jindal et al.，2007）。基于此，扎根于开放系统理论，本研究认为组织内外部要素会进行交互而影响企业的跨渠道整合，因而本研究试图通过剖析顾客异质性与内外部因素的复杂关系，阐明顾客异质性在实施跨渠道整合中所起的作用。

（2）跨渠道整合是企业应对行业竞争的重要举措，但行业竞争程度对跨渠道整合的影响效果尚未获得一致意见。有学者认为激烈的行业竞争会推动企业实施跨渠道整合（张广玲等，2017）；但也有学者认为激烈的市场竞争会使得企业聚焦当下，不会进行长期的渠道变革（Wallace et al.，2009）；还有学者认为在竞争程度较低的情况下，企业可以更为从容地搜寻并获取外部资源，推动跨渠道整合的实施（Cao & Li，2018）。本研究认为，上述相互矛盾的结论是由单独研究行业竞争程度对跨渠道整合的影响导致的，因此本研究关注行业竞争程度与其他内外部因素对跨渠道整合的共同作用。

（3）企业的跨渠道整合决策不仅受到顾客以及行业因素的影响，还会受到所处地区经济环境的影响。国内不同省份的经济发展水平差异很大（张慧等，2017）。传统零售企业通常根植于某个省市，具有明显的地域特征，因此所处的区域经济环境也存在显著差异，会影响传统零售企业的跨渠道整合程度。这是因为：一方面，零售是指将商品或服务销售给个人消费者或最终消费者的商业活动，消费是经济发展的"三驾马车"之一，经济发展的水平能反映出该地区的消费能力（洪银兴，2021）。另一方面，跨渠道整合需要企业协调内外部资源，经济发展水平很大程度上决定了企业的经营效率，从而影响这种资源调度能力（杜运周等，2020）。因此，本研究将经济发展水平作为基础条件，并考虑不同经济发展水平之下，企业实施跨渠道整合的不同路径，为企业部署跨渠道整合战略提供更具体的建议。

2.3 跨渠道整合的作用效果

在解释组织从旧稳态变化到新稳态的结果中，开放系统理论认为当组织从旧稳态进化为新稳态后，组织运作效率也会得到提升（Von Bertalanffy，1968）。跨渠道整合是一个系统升级工程，需要从全局的视角看待跨渠道整合的效果。一方面，通过渠道功能的重新分配与协调，跨渠道整合提升了顾客的购物体验（Cao & Li，2015），提高了顾客的购买意愿（周飞等，2017），进而可提升企业的销售业绩（Oh et al.，2012）；另一方面，跨渠道整合的实施也意味着企业资源的投入，以及不同渠道之间协调成本的提升（庄贵军等，2019），这就使得企业总体成本也随之上升。可见，单纯考虑销售收入并不能真实体现跨渠道整合的作用效果。据此，本研究认为利润增长率是更为直观考察跨渠道整合作用效果的变量。

综上，基于开放系统理论，本研究将组织内部要素（财务资源、高管经验、线上经验、线下经验）和外部要素（顾客异质性、行业竞争、经济发展水平）纳入研究框架，探讨不同要素如何相互作用进而影响跨渠道整合，并分析跨渠道整合程度与企业利润增长率之间的关系。研究框架如图 1 所示。

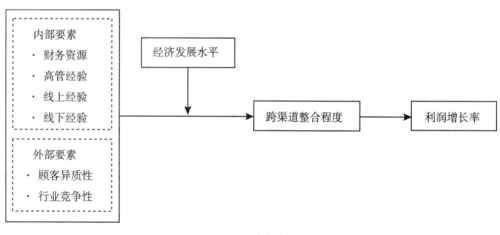

图 1 研究框架

3. 研究设计

3.1 定性比较分析（QCA）方法

本研究将企业的渠道系统视为一个开放系统，试图揭示系统内外部因素如何影响系统升级（即跨渠道整合）。在此过程中，不同因素并非独立发挥作用，而是通过因素间的相互作用共同发挥作用。因此，擅长揭示组态效应的 QCA 方法契合本研究的研究问题。QCA 方法关注导致预期结果出现或不出现的条件变量的组合关系（王汉瑛等，2021），能够明确多个因素对跨渠道整合的复杂影响（Fainshmidt et al.，2020）。由于本研究涉及的跨渠道整合程度等变量为多值数据，财务资源等为连续型数据，与 fsQCA 方法更为匹配（吕峰等，2018），所以采用 fsQCA 方法作为本研究的主要研究方法。

3.2　样本选择与变量测量

3.2.1　样本选择

2016 年国务院办公厅发布《关于推动实体零售创新转型的意见》，2017 年商务部出台相关贯彻落实配套政策，政府积极推动零售行业新业态、新模式的发展，有利于零售行业持续升级转型。近年来，传统零售行业响应国家号召，致力于进行跨渠道整合。因此，为更好衡量跨渠道整合的动因和成效，本研究聚焦于传统零售企业跨渠道整合实践，样本为 91 家中国上市传统零售企业，具体行业情况如表 1 所示。在样本选择上遵循以下原则：第一，选取中证指数分类中的零售上市公司作为样本，共 105 家样本企业。第二，考虑到服务的独特性，根据国家商务部发布的《零售业态分类》，剔除纯服务性质的企业，剩余 91 家零售企业。第三，根据知名咨询企业德勤发布的《2018 年全球零售力量》报告，2018 年零售行业步入转型变革的关键时期，传统零售企业的跨渠道整合行动处于不同阶段，其跨渠道整合程度呈现出显著差异。因此，使用 2018 年的数据能够保证关键变量（即跨渠道整合程度）具有丰富的多样性，更适宜开展跨渠道整合研究。考虑到利润增长具有滞后性，利润增长数据来自公司 2019 年年报，其余数据均来自公司 2018 年年报。

表 1　　　　　　　　　　　　　　　　样本行业情况

零售行业	数量	占比
百货零售	40	43.96%
其他零售	12	13.19%
大卖场	11	12.09%
药品零售	10	10.99%
汽车零售	7	7.69%
珠宝与奢侈品零售	4	4.40%
电脑及电子设备零售	3	3.30%
工业品零售	2	2.20%
综合货品零售	2	2.20%

注：眼镜零售、跨境零售、酒品零售等行业都被列入其他零售。

3.2.2 变量测量

跨渠道整合程度，以往研究对其测量分为递进式（Cao & Li, 2015）和维度式（邓琪等, 2021）。递进式测量将不同的跨渠道整合工作内容划分为高低不同的等级（如表 2 所示，跨渠道整合程度由低到高分为 1~4 级，每一层级包含不同的跨渠道整合工作内容）。该方法认为企业通常需要先完成低等级的工作才能开始高等级的工作，所以企业的跨渠道整合程度由已完成的最高等级的工作内容决定，如：若企业完成了 4 级的工作，则该企业的跨渠道整合程度为 4 级。而维度式测量是将跨渠道整合内容划分为不同的维度（维度之间并无高低之分，为平行维度），如从顾客购买过程角度划分为购前、购中和购后整合（Wu & Wu, 2015）；或从渠道功能视角划分为品牌整合、信息整合、物流整合和交叉促销等（Goersch, 2002），或者划分为一致性、共享性和协作性（Cao & Li, 2018）。本研究采用 Cao 和 Li（2015）的递进式方法来测量跨渠道整合程度，原因如下：首先，该编码涵盖了跨渠道整合实践的相关领域，能够全面测度企业的跨渠道整合行为；其次，该编码将跨渠道整合视为一个循序渐进的过程，较为贴合企业实践。借鉴 Cao 和 Li（2015）的研究，本研究利用 Nvivo 11 对收集到的企业年报中有关跨渠道整合的信息按照规则进行编码。同时，为了增强该方法的稳健性，本研究又从公司官网、权威媒体收集相关信息以印证分级情况。

表 2 　　　　　　　　　　　　　　　　**跨渠道整合级别编码**

跨渠道整合程度	定义	表征	评判标准
1 级	零售企业通过多个渠道销售商品或服务，但独立经营这些渠道	同时经营不同渠道	企业拥有不同的渠道（实体店、网站、移动端、微信小程序等）
		渠道经营方式不同	渠道间的价格政策不同
			不同渠道经营不同的品牌
			不同渠道存在不同的产品类目
			不同渠道的服务存在差异
2 级	零售企业优化已建立的渠道，协同关注与顾客营销沟通相关的活动	整合营销传播	在所有渠道统一使用同一品牌
			在所有渠道统一展示营销信息
3 级	零售企业协同优化已建立的渠道，专注于与顾客交易相关的活动	整合多渠道间订单执行功能	线上下单并在店内提货
			线上购买线下退货
		整合多渠道间信息访问功能	门店员工能够访问线上库存和线上订单等信息
			线上顾客可以查看线下门店的库存
			门店和移动应用之间的交互（店内 WiFi、移动 APP 定位店铺等）

续表

跨渠道整合程度	定义	表征	评 判 标 准
4级	零售企业协同优化已建立的渠道，专注于与顾客无缝购买体验相关的活动	实时协调基础功能	跨渠道实时协调服务
			跨渠道实时协调促销信息
			跨渠道实时协调价格变更
			跨渠道实时协调忠诚计划
			跨渠道实时协调产品分类
		后端系统集中化	跨渠道商品计划系统整合
			跨渠道物流系统整合
			跨渠道渠道经营系统整合
			跨渠道顾客数据库整合
		组织变革	跨渠道知识共享
			招聘具有零售和数字商务双重能力的人才
			改变组织架构以适应不同渠道的整合
			启用与线上线下相关的激励体系

　　财务资源体现了企业的现金状况，因此本研究采用企业的留存收益与总资产的比值来衡量企业的财务资源（Cao & Li，2018）。留存收益是指企业从历年实现的利润中提取或形成的留存于企业的经营资金，可用于经营或投资。留存收益与总资产的比值体现了企业可支配现金的宽裕程度。

　　高管经验体现了高层管理者在经营企业过程中积累的知识和资源。高管经验越丰富，就越能够捕捉环境变化的信号，也能够识别环境变动中的机会和威胁，并能够及时采取有效举措应对环境变化。遵循以往研究（Wang et al.，2015），本研究采用公司董事长的任职经历来衡量高管经验。董事长曾经任职的公司数量越多，表明其任职经历越丰富，处理危机和捕捉机会的经验越足。

　　线上渠道运营经验与线下渠道运营经验体现了企业对线上、线下渠道的认知（Cao & Li，2018）。本研究采用企业开设线上销售渠道的时间来测度企业线上经验（Tagashira & Minami，2015）。企业对线上渠道的认识随着经营时间的增加而加深（Luo et al.，2016），所以企业开设线上渠道的年份越久表示企业对线上渠道的认识越深，企业线上经验越多。传统零售企业从一开始就扎根于线下渠道经营，并随着时间的推移开设更多的线下门店。因此，本研究以企业拥有的线下门店数量来衡量企业线下渠道运营经验（王茜等，2020）。

　　顾客异质性是指顾客需求的多样化（Jindal et al.，2007），本研究通过零售企业经营收入最大省份市场的百度网购指数测度顾客异质性（张泽林等，2018）。尽管国内上市零售企业在不断扩大业务范围，但从样本来看，超过80%的传统零售企业的市场聚焦在某个省份，如广州百货、沈阳商业城、福建新华都等在主要经营的省份的收入超过90%。另有15家经营范围较广的企业，如苏宁易购、永辉超市等，在主要经营省份的收入也高于在其他省份的收入。百度网购指数体现了用户对网购的关注程度。顾客对网购的关注度越高，顾客对多元化产品和信息的需求越大，需求多样化程度也就越高（张沛然等，2017）。综上，本研究认为企业收入最高的市场的百度网购指数越大，该区域的顾客需求越多样化，则企业所处市场的顾客异质性越高。

行业竞争性是指企业在行业中所面临的竞争状况，本研究使用"1-赫芬戴尔指数"来衡量行业竞争性。赫芬戴尔指数的测量方式是行业内所有企业收入占行业总收入百分比的平方和（解维敏等，2016），取值范围为 0～1，数值越大代表行业竞争性越低（潘越等，2020）。为了使变量大小能够直观反映行业竞争性大小，以往研究多用"1-赫芬戴尔指数"来衡量行业竞争性，该值越高意味着行业竞争越激烈（毕晓方等，2017）。

经济发展水平采用企业收入最高的省份人均 GDP 水平来衡量。人均 GDP 指标可衡量地区的经济发展水平，一般认为人均 GDP 越高的省份，经济发展水平越高（姚树洁，2015）。

利润增长率是指企业利润较前一年的增长幅度。企业获得更高的利润说明企业用更低的成本获得了更高的收入（Zhang et al.，2019）。因此，利润增长率越高意味着企业降本增效的效果越好。

研究涉及的变量名称、测度、来源如表 3 所示。

表 3　　　　　　　　　　　　　　　　变 量 信 息

变　量	测　量	来　源
跨渠道整合程度	详见表 2	年报
财务资源	留存收益/总资产	CNRDS 数据库
高管经验	董事长曾经任职企业的数量	企查查、天眼查、年报
线上经验	企业线上渠道经营年限	年报
线下经验	企业开设线下门店的数量	年报
顾客异质性	企业经营收入最大的省份的百度网购指数	百度指数
行业竞争性	1-赫芬戴尔指数	CNRDS 数据库
经济发展水平	企业经营收入最大的省份的人均 GDP	国家数据库
利润增长率	（企业当年利润总额-前一年利润总额）/企业前一年利润总额	CNRDS 数据库

3.2.3　变量校准

fsQCA 方法需要进行数据校准（Ragin，2008），将原始数据转换为介于 0～1 的数值（Fiss，2011）。遵循主流研究（Misangyi and Acharya，2008），本研究采用直接校准法，为保留样本差异性，本研究将所有变量按照 95%、50% 和 5% 分位数值分别锚定为 1（完全隶属）、0.5（交叉点）和 0（完全不隶属）。另外，由于 fsQCA 软件无法处理 0.5（交叉点）的情况，还需将除 1（完全隶属）以外的值加上 0.001，以确保无 0.5（交叉点）出现（Speldekamp et al.，2020）。

4. 实证结果和分析

4.1　跨渠道整合前因分析

4.1.1　必要性分析

组态分析之前需要进行必要性分析，以防简化了结果中的必要条件，并可替代线性方法的相关性分析（Ragin，2008）。通常，单个条件的一致性低于 0.9 表明该条件不构成必要性条件，则可进行充分性的组态分析。如表 4 所示，所有条件的一致性都小于 0.9，说明所有变量都适合进行充分性分析。

表 4　　　　　　　　　　　　　　必要性分析（高跨渠道整合）

要　　素	全样本（N=91）		经济发达（N=65）		经济欠发达（N=26）	
	一致性	覆盖度	一致性	覆盖度	一致性	覆盖度
财务资源	0.538	0.703	0.550	0.667	0.512	0.813
~财务资源	0.558	0.731	0.529	0.715	0.623	0.765
高管经验	0.391	0.805	0.397	0.771	0.377	0.902
~高管经验	0.698	0.669	0.688	0.655	0.720	0.702
线上经验	0.649	0.791	0.667	0.771	0.609	0.850
~线上经验	0.475	0.672	0.463	0.662	0.504	0.693
线下经验	0.616	0.781	0.601	0.775	0.648	0.795
~线下经验	0.469	0.634	0.484	0.613	0.436	0.694
顾客异质性	0.741	0.711	0.850	0.678	0.490	0.880
~顾客异质性	0.360	0.742	0.240	0.770	0.638	0.720
行业竞争性	0.337	0.686	0.336	0.705	0.341	0.648
~行业竞争性	0.732	0.707	0.728	0.669	0.743	0.810
经济发展水平	0.694	0.701				
~经济发展水平	0.395	0.734				

注：一致性（consistency）指标衡量了该要素或要素组合是结果变量必要条件的强度；覆盖度（coverage）指标反映了要素或要素组合与结果变量的对应关系，即要素或要素组合对实际情况的解释力度，下同。

4.1.2 充分性分析

fsQCA 软件通过布尔逻辑运算，在结果中报告 3 种解：复杂解、中间解和简约解，通常研究人员只需分析中间解和简约解。通过比较中间解与简约解，可知：在两解中均存在的因素为核心因素（core condition）；而仅在中间解中出现的因素为边缘因素（peripheral condition）。核心因素对结果产生较为重要的影响，边缘因素则起到相对辅助的作用。本研究按照不同经济发展水平将样本分为经济发达地区和经济欠发达地区，并进行充分性分析，结果如表 5、表 6 所示。

表 5　　　　　　　　　　　　　　充分性分析（经济发达地区）

要　　素	组　　合			
	1	2	3	4
财务资源	⊗	⊗		⊗
高管经验	●	●	●	
线上经验	●	•	●	●
线下经验		•	•	●
顾客异质性	•		•	•
行业竞争性	•	•	●	
原始覆盖度	0.175	0.250	0.247	0.317
唯一覆盖度	0.019	0.045	0.043	0.112
一致性	0.932	0.955	0.909	0.894
总体一致性	0.424			
总体覆盖度	0.877			

注："●"表示因果性核心条件存在，"•"表示因果性边缘条件存在，"⊗"表示因果性核心条件不存在，"⊗"表示因果性边缘条件不存在，空白处表示变量对结果不产生影响，下同。

表 6　　　　　　　　　　　　　　充分性分析（经济欠发达地区）

要　　素	组　　合					
	1a	1b	2a	2b	2c	3
财务资源	●	●		•	⊗	⊗
高管经验	⊗		⊗	•	⊗	
线上经验	●	●			⊗	●
线下经验	⊗	•	●	●	●	•
顾客异质性	•	⊗	⊗	⊗	⊗	●
行业竞争性		⊗	●	●	●	●

续表

要　　素	组　　合					
	1a	1b	2a	2b	2c	3
原始覆盖度	0.162	0.164	0.303	0.202	0.247	0.275
唯一覆盖度	0.022	0.040	0.043	0.037	0.042	0.008
一致性	1.000	0.929	1.000	0.997	0.949	1.000
总体一致性	0.535					
总体覆盖度	0.954					

注："●"表示因果性核心条件存在，"•"表示因果性边缘条件存在，"⊗"表示因果性核心条件不存在，"⊗"表示因果性边缘条件不存在，空白处表示变量对结果不产生影响，下同。

在经济发达地区，零售企业实施高程度的跨渠道整合存在 4 组组态：组合 1 表示财务资源不足，丰富的高管经验和线上经验是核心因素，高水平的顾客异质性与行业竞争性为边缘因素；组合 2 表示财务资源不足，丰富的高管经验为核心因素，高度的行业竞争性、丰富的线上经验和线下经验为边缘因素；组合 3 表示高度的行业竞争性、丰富的高管经验和线上经验为核心因素，丰富的线下经验和高水平顾客异质性为边缘因素；组合 4 表示财务资源不足，丰富的线上经验和线下经验为核心因素，高水平顾客异质性为边缘因素。

整体来看，经济发达地区的组态结果呈现内部经验主导的特点。即使在自身财务资源匮乏、外部竞争较大（顾客异质性高、行业竞争强）的情况下，拥有充足的高管经验、线上经验和线下经验的企业也可以实现较高质量的跨渠道整合。这是因为：经济发达地区金融投资市场发展成熟，充分保障了企业能够从成熟的投资市场上获得充足的资金来弥补自身财务资源的匮乏（Cao & Li，2018）。见多识广的高管对行业的风向与机遇有更好的识别和判断，进而选择对跨渠道整合最有利的战略，优化不同渠道协作的方式，设计更为有效的跨渠道整合路径，在竞争激烈的商业环境中突出重围。经济发达地区的零售企业往往较早了解网上商城等概念，更早实现线上渠道销售，进而更早创建和完善了线上渠道运营的知识体系，更容易在外部竞争激烈的环境中选择最合适的跨渠道整合方式。此外，传统零售企业都从线下起家，其线下渠道运营经验也足以应对跨渠道整合中会发生的问题。因此，企业拥有丰富的内部经验，可以及时识别跨渠道整合中存在的风险和机遇，占据相对有利的地位，在激烈的竞争环境中拓展自身优势，更有效地进行跨渠道整合。

在经济欠发达地区，零售企业进行跨渠道整合存在 6 组组态：组合 1a 和 1b 表示充足的财务资源和丰富的线上经验为核心因素。在组合 1a 中，高水平顾客异制裁性、短缺的高管经验和线下经验为边缘因素；组合 1b 中，低水平顾客异质性和行业竞争下以及丰富的线下经验为边缘因素。组合 2a、2b 和 2c 表示丰富的线下经验、低水平顾客异质性、高水平行业竞争性为核心因素。在组合 2a 中，短缺的高管经验是边缘因素；在组合 2b 中，丰富的高管经验和财务资源为边缘因素；在组合 2c 中，短缺的高管经验、财务资源和线上经验为边缘因素。组合 3 表示丰富的线上经验、高水平的顾客异质性和行业竞争性为核心因素，短缺的财务资源和丰富的线下经验为边缘因素。

综合来看，经济欠发达地区的组态结果较为复杂，不同条件的组合都可以促进零售企业进行跨

渠道整合。首先，充足的财务资源和丰富的线上经验是促使企业进行跨渠道整合的重要条件（组合
1a 和 1b）。因为经济欠发达地区的金融市场成熟度较低，商业系统和环境不够完善，零售企业难以
从外部投资市场上获取充足的资金来实施跨渠道整合。企业拥有充足的财务资源和丰富的线上经验
在经济欠发达地区属于资源优势型企业。因此，该类企业实施跨渠道整合的动因来自内部优势资源
的推动。

其次，组态 2a、2b 和 2c 反映了经济欠发达地区传统零售企业跨渠道整合的一种比较典型的情
况。即企业的主要内部资源比较匮乏，如财务资源、高管经验和线上经验相对缺乏，但是在线下积
累了丰富的经验。推动这类企业进行跨渠道整合的外因并非直接来自顾客的需求变化（因为企业所
处区域的顾客异质性水平低），而是整个行业的竞争激烈程度。因此，对于线下经验丰富而其他内部
资源匮乏的传统零售企业，迫使其实施跨渠道整合的外因来自行业竞争的压力。

最后，组态 3 说明财务资源匮乏但同时具有线上和线下经营经验的零售企业也能实现跨渠道整
合。丰富的线上经验使企业更容易识别出不同特征的顾客以及顾客的差异化需求（Kumar et al.，
2019），因而更容易感知到顾客的变化和顾客异质性带来的压力。当零售企业同时拥有丰富的线上和
线下经验时，对外部市场环境的敏感度更高，更容易准确识别跨渠道整合中的风险和机会，及时对
线上线下渠道进行协调，优化渠道结构，并以此满足顾客的多样化需求和应对激烈的行业竞争（Bell
et al.，2020）。因此，在经济欠发达地区，财务资源匮乏的企业依然可以凭借丰富的线上和线下经
验，敏锐地洞察行业竞争态势和顾客需求变化，推动跨渠道整合的实施。

4.1.3 对比分析

对比不同经济发展地区的样本，可以发现：

第一，在不同经济发展地区，驱动零售企业进行跨渠道整合的重要因素有所差异。处于经济发
达地区的零售企业在跨渠道整合中，主要依赖企业内部经验，包括高管经验、线上和线下经验。而
经济欠发达地区的企业进行跨渠道整合的组态结果更为多样。特别是，在经济欠发达地区，高管经
验对跨渠道整合的作用效果甚微。这是由于与经济发达地区相比，经济欠发达地区的知识和技术更
新迭代的速度较慢。一般来说，地处经济欠发达地区的零售企业进行跨渠道整合存在后发优势，可
向成功进行跨渠道整合的企业取经，再进行跨渠道整合。因此，这些企业不再需要丰富的高管经验
来甄别行业的风向与机遇，可模仿优秀企业的成功案例和跨渠道整合路径，优化自身渠道建设。

第二，在不同经济发展地区，线上经验和线下经验对零售企业的重要性也不同。在经济发达地
区的零售企业，线上经验的重要性高于线下经验，在经济欠发达地区的零售企业则相反。究其原因，
经济发达地区企业面临的顾客需求更为多样，而线上渠道更容易满足多样的顾客，因此，拥有丰富
线上经验的企业在跨渠道整合中更占先机。对于经济欠发达地区的企业而言，传统门店才是竞争的
主战场。这些企业需要拥有更为稳定的线下客群以抵御竞争冲击，而线下客群的积累离不开企业对
线下门店的长期深耕。因此，拥有更多线下经验的企业在跨渠道整合中更有优势。但如果企业受到
激烈的行业竞争且高水平的顾客异质性的双重外部压力，无论其地处经济发达地区还是经济欠发达
地区，线上和线上经验缺一不可。

4.1.4　鲁棒性分析

虽然 Cao 和 Li（2015）基于扎根理论形成了严谨的编码表，但并不能保证所有的企业都按照编码表的顺序进行跨渠道整合升级。因此，为了排除企业不按照编码表进行升级这一潜在的影响，本研究借鉴了张广玲等（2017）和邓琪等（2021）对跨渠道整合的维度划分，将统一营销整合、渠道功能整合、后端数据集成视作企业跨渠道整合不同的维度。只有同时进行四方面的努力，跨渠道整合程度才为4。比如，某个企业做了如下努力：（1）开拓新的线上渠道；（2）统一渠道的价格和服务；（3）整合顾客数据库。本研究认为企业做了三方面不同的努力，跨渠道整合程度为3，并不会因为企业整合了后端数据，而认为其跨渠道整合程度为4。基于此，本研究减弱了 Cao 和 Li（2015）编码表中存在的误差。如表7、表8所示，使用调整过的跨渠道整合程度重新进行了充分性分析，结果所体现的不同因素的重要性和在不同制度环境的因素重要性的差异与前文一致，保证了组态结果的稳健性。

表7　　　　　　　　　　　　　　　　充分性分析（经济发达地区）

要　素	组　合			
	1	2a	2b	3
财务资源	⊗	⊗		⊗
高管经验	●	●	●	●
线上经验	●	⊗		●
线下经验		●	●	
顾客异质性	●		●	●
行业竞争性		●	●	●
原始覆盖度	0.456	0.253	0.354	0.348
唯一覆盖度	0.160	0.022	0.057	0.051
一致性	0.871	0.911	0.879	0.898
总体一致性	0.588			
总体覆盖度	0.822			

表8　　　　　　　　　　　　　　　　充分性分析（经济欠发达地区）

要　素	组　合					
	1a	1b	2a	2b	2c	3
财务资源	●	●	⊗	●	⊗	
高管经验	⊗			●	⊗	⊗
线上经验	●	●	●		⊗	●

续表

要　　素	组　　合					
	1a	1b	2a	2b	2c	3
线下经验	⊗	●	●	●	●	
顾客异质性	●	⊗	⊗	⊗	⊗	●
行业竞争性		⊗	●	●	●	●
原始覆盖度	0.224	0.222	0.380	0.279	0.338	0.412
唯一覆盖度	0.030	0.051	0.114	0.052	0.055	0.052
一致性	1.000	0.911	1.000	0.997	0.938	0.982
总体一致性	0.725					
总体覆盖度	0.934					

4.2　跨渠道整合作用效果检验

作用效果研究只集中在跨渠道整合程度与企业利润增长率的关系上，并不考虑多重并发关系，因此，fsQCA 方法并不适用于结果分析。本研究将因变量设置为滞后一期的利润增长率（即 2019 年的利润增长率），并将 fsQCA 方法中的前因变量和影响企业绩效的变量作为控制变量，使用 OLS 方法对数据进行了回归，结果如表 9 所示。首先，跨渠道整合程度对利润增长率有显著正向影响（$\beta_1 = 0.159$，$p<0.100$），说明跨渠道整合有利于企业提高利润。其次，本研究还使用净利润增长率替代利润增长率对模型进行了检验。结果是跨渠道整合程度对净利润增长率有显著正向影响（$\beta_2 = 0.173$，$p<0.100$），表明跨渠道整合战略也有助于企业提升净利润。此外，该结果也验证了跨渠道整合程度对利润增长率的积极作用的稳健性。

表9　　　　　　　　　　　　　回 归 结 果

变　　量	（1）	（2）
	利润增长率	净利润增长率
跨渠道整合程度	0.159*	0.173*
	(1.667)	(1.806)
财务资源	−0.011	0.095
	(−0.066)	(0.554)
高管经验	0.004	0.014
	(0.036)	(0.115)

变　　量	（1）	（2）
	利润增长率	净利润增长率
线上经验	−0.074	−0.122
	（−0.501）	（−0.819）
线下经验	−0.080	−0.080
	（−0.686）	（−0.688）
顾客异质性	0.360*	0.399*
	（1.798）	（1.990）
行业竞争性	0.026	0.058
	（0.269）	（0.607）
经济发展水平	−0.384**	−0.446**
	（−2.128）	（−2.476）
营业收入增长率	0.383***	0.355***
	（3.274）	（3.035）
总资产	−0.159	−0.133
	（−1.232）	（−1.033）
ROA	−0.116	−0.206
	（−0.680）	（−1.213）
cons	0.413***	0.412***
	（2.856）	（2.852）
R^2	0.196	0.196
N	91	91

注：***、**、*分别表示在1%、5%与10%的水平上显著，括号内为t统计量值。

5. 结论与讨论

5.1　研究结论

　　针对传统零售企业渠道转型中面临的困境，本研究基于开放系统理论，将跨渠道整合视为组织渠道系统的转型升级，分析了组织内外部因素如何共同影响企业的跨渠道整合实践，并进一步分析了跨渠道整合对企业利润增长的作用效果。基于来自91家上市零售企业的数据，利用fsQCA方法，分析了组织内部要素（财务资源、高管经验、线上渠道运营经验、线下渠道运营经验）和外部要素

（顾客异质性、行业竞争性、地区经济发展水平）如何交互作用影响企业的跨渠道整合，研究结果显示：不同经济发展水平的差异影响了传统零售企业的跨渠道整合路径。经济发达地区企业的高管经验和渠道运营经验是推动跨渠道整合的重要力量，外部环境是次要推力，财务资源并非决定因素。相反，处于经济欠发达地区企业的内部外因素呈现了多样化的交互作用模式。企业可以通过内部因素主导（财务资源和线上渠道运营经验）推动跨渠道整合实践，也可以通过内部能力与外部因素的交互作用实现跨渠道整合。此外，本研究也证实了随着跨渠道整合的推进，企业的利润率也会随之增长，这说明：不同渠道的融合并非一日之功，但持续的推进终究有利于企业业绩的提升。

5.2　理论贡献

首先，本研究基于开放系统理论，从企业内部和外部环境视角，剖析了内外部因素对跨渠道整合的不同作用模式。以往研究已经基于资源基础观（Luo et al.，2016）、动态能力理论（Huseyinoglu et al.，2018）、制度理论（张广玲等，2017）等探讨了企业实施跨渠道整合的动因，但尚未获得一致意见。从企业实践看，作为一项重要的战略变革，跨渠道整合受到了企业内外部多种因素的共同作用，因此单纯考虑某一因素的净效应并不能真实揭示不同因素是如何影响企业跨渠道整合实践的。据此，本研究依托开放系统理论，利用 fsQCA 方法，揭示了在不同经济发展水平下，企业内部资源能力如何与外部顾客和行业因素共同影响跨渠道整合。这一研究从组态效应的视角揭示了企业的跨渠道整合实践受到了内外部因素不同组合的影响，不仅在一定程度上解释了以往矛盾的研究结论，也拓展了有关跨渠道整合前因的研究。

其次，本研究发现经济发展水平是影响企业跨渠道整合实践的重要外部力量。对比经济发达地区和经济欠发达地区的组态，本研究发现：在不同经济条件下，跨渠道整合的动因有不同的组合模式。由于经济发展水平与制度环境息息相关，制度环境贯穿于经济体系之中，良好的经济发展水平离不开良好的制度环境支撑，所以高经济发展水平蕴含了资源丰裕、信息充分、法规健全等条件，确保了企业可以从外界获得所需资讯与资金，这可以减缓外部竞争和市场变化带给企业的压力。由此，跨渠道整合的动因组合就呈现为内部经验主导型，甚至缺乏财务资源也可以实现跨渠道整合。相反，低经济发展水平隐含了资源信息匮乏、制度法规不完善等不利因素，这就使得企业必须抓住一切有利条件进行渠道转型，由此跨渠道整合的动因组合呈现内部资源能力主导、内外部因素交互等不同组合模式。上述研究结论揭示了经济发展水平在跨渠道整合中的重要作用，也拓展了对跨渠道整合前因的研究。

最后，尽管在理论上，以往研究大多赞同跨渠道整合有助于提升企业的业绩，但依旧存在不同观点。有学者认为跨渠道整合能够提升企业销售收入（Cao & Li，2015），但也有学者指出跨渠道整合会短期内增加企业成本，对销量存在负向影响（Avery et al.，2012）。本研究认为单纯考虑销售收入或成本并不能准确揭示跨渠道整合对企业绩效的真实影响。从企业实践看，跨渠道整合对销售收入以及成本的影响同时存在，利润是更为准确反映最终影响的指标。本研究发现跨渠道整合有助于提升企业的利润增长率。这一结果说明跨渠道整合对企业的业绩具有提振作用，支持了以往有关跨渠道整合存在积极作用的理论观点。

5.3　实践启示

　　数字技术的广泛使用、移动商务的蓬勃发展以及国家政策的明确指引，都要求传统零售企业开启渠道体系的数字化转型之路，从独立的多渠道模式走向线上线下交互融合的渠道整合模式。然而，企业在转型实践中却频频遭遇各种困难与挑战，使得很多企业暂停了数字化转型的步伐。本研究的结论为传统零售企业如何根据自己的实际情况制定合适的渠道转型方案提供了依据。

　　首先，企业管理者需要从系统的视角看待影响企业实施跨渠道整合的因素。跨渠道整合并非一蹴而就，而是一个逐步推进并受到内外部因素共同作用的过程。更为重要的是，企业不能只重视自身资源能力、顾客需求以及竞争态势，而忽略经济环境的影响。事实上，企业所在地区的经济发展水平是决定不同动因组合的先决条件。

　　其次，企业管理者需要意识到：实现跨渠道整合的路径并非一条，不同因素的组合构成了传统零售企业跨渠道整合的多条实现路径。对处于经济发达地区的企业而言，管理者需要把目光投向企业内部因素，尤其是高管团队以及渠道运营经验。虽然对大部分企业而言，财务资源是跨渠道整合的重要前提，但并不意味着企业要拥有充裕的财务资源；对处于经济发达地区的企业而言，可以从外部融资渠道获得所需资金。对处于经济欠发达省份的企业而言，实现跨渠道整合的关键在于审时度势、抓住内外部一切有利要素。当企业具有良好的内部条件，比如充足的财务资源、良好的线上运营经验，那么企业可以利用这一资源组合实现跨渠道整合。对地处经济欠发达省份的企业而言，其外部融资渠道相对受限，因此当财务资源匮乏的时候，企业就需要两手抓，一手挖掘有利的内部能力（如渠道运营经验），一手分析外部环境因素（如顾客需求变动和竞争激烈程度），进而推进跨渠道整合。

　　最后，尽管跨渠道整合的道路是曲折的，但从总体上看，跨渠道整合的实施是有助于提升企业利润水平的。对管理者而言，单纯看待销售收入，或者单纯分析企业成本投入，都不是合适的视角，应当将目光聚焦于利润变化之上。

5.4　不足与展望

　　本研究仍存在一些不足：（1）本研究虽然关注了一些重要的内外部因素对跨渠道整合的影响，但跨渠道整合还会受到其他因素的影响，如企业的物流能力（Huseyinoglu et al.，2018）、IT能力等（Cao & Li，2018），未来研究可以考虑其他因素对跨渠道整合的作用机制和作用效果。（2）本研究用公司董事长的任职经历来衡量高管经验，为了更好地验证高管经验对跨渠道整合的影响，未来研究可以进一步区分高管的线上、线下任职经历/数量来衡量高管经验。（3）本研究的数据来源于中国上市的传统零售企业。未来研究可以使用其他行业或者其他国家的数据进一步验证本研究提出的模型。（4）本研究对变量测量进行了详细的论证，但仅限于二手数据，未来可以结合问卷调查来更为全面地验证本研究的结论。

◎ 参考文献

[1] 毕晓方，翟淑萍，姜宝强．政府补贴、财务冗余对高新技术企业双元创新的影响 [J]．会计研究，2017（1）．

[2] 邓琪，庄贵军，卢亭宇．制造商视角的跨渠道整合：维度构成与量表开发 [J]．预测，2021，40（4）．

[3] 杜运周，刘秋辰，程建青．什么样的营商环境生态产生城市高创业活跃度？——基于制度组态的分析 [J]．管理世界，2020，36（9）．

[4] 黄漫宇，王孝行．零售企业数字化转型对经营效率的影响研究——基于上市企业年报的文本挖掘分析 [J]．北京工商大学学报（社会科学版），2022，37（1）．

[5] 洪银兴．中国共产党领导建设新中国的经济发展思想演进 [J]．管理世界，2021，37（4）．

[6] 吕峰，梁琬瞳，张峰．效率还是效果：复杂环境下企业创新的权衡 [J]．南开管理评论，2018，21（5）．

[7] 潘越，汤旭东，宁博，等．连锁股东与企业投资效率：治理协同还是竞争合谋 [J]．中国工业经济，2020（2）．

[8] 王汉瑛，谭秀明，邢红卫．创业生态系统框架下女性早期创业的资源约束模式 [J]．管理科学，2021，34（2）．

[9] 王茜，容哲，陈航．多平台渠道采纳机理及顾客价值的实证研究 [J]．管理科学，2020，33（6）．

[10] 汪旭晖，赵博，刘志．从多渠道到全渠道：互联网背景下传统零售企业转型升级路径——基于银泰百货和永辉超市的双案例研究 [J]．北京工商大学学报（社会科学版），2018，33（4）．

[11] 解维敏，魏化情．市场竞争、组织冗余与企业研发投入 [J]．中国软科学，2016（8）．

[12] 姚树洁．"新常态"下中国经济发展和理论创新 [J]．经济研究，2015，50（12）．

[13] 臧树伟，潘璇，胡左浩，等．双元能力如何促进企业全渠道转型 [J]．南开管理评论，2021，24（4）．

[14] 张驰，郑晓杰，王凤彬．定性比较分析法在管理学构型研究中的应用：述评与展望 [J]．外国经济与管理，2017，39（4）．

[15] 张广玲，刘晨晨，王辉，等．制度压力与跨渠道整合程度关系研究：企业能力的调节作用 [J]．营销科学学报，2017，13（2）．

[16] 张慧，周小虎，陈莹．地区创业活动差异：基于制度与经济的交互分析 [J]．管理科学，2021，34（3）．

[17] 张沛然，黄蕾，卢向华，等．互联网环境下的多渠道管理研究——一个综述 [J]．经济管理，2017，39（1）．

[18] 张泽林，韦斐琼，韩冀东，等．空气质量对消费者互联网搜索行为的影响 [J]．管理科学，2018，31（5）．

[19] 周飞，冉茂刚，沙振权．多渠道整合对跨渠道顾客保留行为的影响机制研究 [J]．管理评论，2017，29（3）．

[20] 庄贵军，邓琪，卢亭宇．跨渠道整合的研究述评：内涵、维度与理论框架 [J]．商业经济与管

理，2019，（12）.

[21] Avery, J. , Steenburgh, T. J. , Deighton, J. , et al. Adding bricks to clicks: Predicting the patterns of cross-channel elasticities over time [J]. Journal of Marketing, 2012, 76 (3).

[22] Bell, D. R. , Gallino, S. , Moreno, A. Customer supercharging in experience-centric channels [J]. Management Science, 2020, 66 (9).

[23] Cao, L. , Li, L. The impact of cross-channel integration on retailers' sales growth [J]. Journal of Retailing, 2015, 91 (2).

[24] Cao, L. , Li, L. Determinants of retailers' cross-channel integration: An innovation diffusion perspective on omni-channel retailing [J]. Journal of Interactive Marketing, 2018, 44 (4).

[25] Fainshmidt, S. , Witt, M. A. , Aguilera, R. V. , et al. The contributions of qualitative comparative analysis (QCA) to international business research [J]. Journal of International Business Studies, 2020, 51.

[26] Fiss, P. C. Building better causal theories: A fuzzy set approach to typologies in organization research [J]. Academy of Management Journal, 2011, 54.

[27] Furst, A. , Leimbach, M. , Prigge, J. K. Organizational multi-channel differentiation: An analysis of its impact on channel relationships and company sales success [J]. Journal of Marketing, 2017, 81 (1).

[28] Goersch, D. Multi-channel integration and its implications for retail web sites [C]. Proceedings of the 10th European Conference on Information System, CT: ECIS Press, 2002.

[29] Huseyinoglu, I. O. Y. , Sorkun, M. F. , Boruhan, G. Revealing the impact of operational logistics service quality on omni-channel capability [J]. Asia Pacific Journal of Marketing and Logistics, 2018, 30 (5).

[30] Jindal, R. P. , Reinartz, W. , Krafft, M. , et al. Determinants of the variety of routes to market [J]. International Journal of Research in Marketing, 2007, 24 (1).

[31] Luo, J. , Fan, M. , Zhang, H. Information technology, cross-channel capabilities, and managerial actions: Evidence from the apparel industry [J]. Journal of the Association for Information Systems, 2016, 17 (5).

[32] Kumar, A. , Mehra, A. , Kumar, S. Why do stores drive online sales? Evidence of underlying mechanisms from a multichannel retailer [J]. Information Systems Research, 2019, 30 (1).

[33] Misangyi, V. F. , Acharya, A. G. Substitutes or complements? A configurational examination of corporate governance mechanisms [J]. Academy of Management Journal, 2014, 57.

[34] Oh, L. B. , Teo, H. H. , Sambamurthy, V. The effects of retail channel integration through the use of information technologies on firm performance [J]. Journal of Operations Management, 2012, 30 (5).

[35] Ragin, C. C. Redesigning social inquiry: Fuzzy sets and beyond [M]. Chicago: Chicago University Press, 2008.

[36] Ruekert, R. W. , Walker, O. C. , Roering, K. J. The organization of marketing activities: A contingency theory of structure and performance [J]. Journal of Marketing, 1985, 49 (1).

[37] Speldekamp, D., Knoben, J., Helmhout, A. S. Clusters and firm-level innovation: A configurational analysis of agglomeration, network and institutional advantages in European aerospace [J]. Research Policy, 2020, 49 (3).

[38] Tagashira, T., Minami, C. The effect of cross-channel integration on cost efficiency [J]. Journal of Interactive Marketing, 2019, 47 (3).

[39] Von Bertalanffy, L. An outline of general system theory [J]. British Journal of the Philosophy of Science, 1950, 1 (1).

[40] Von Bertalanffy, L. General system theory [M]. New York: George Braziller, 1968.

[41] Wallace, D. W., Johnson, J. L., Umesh, U. N. Multichannels strategy implementation: The role of channel alignment capabilities [J]. Decision Sciences, 2009, 40 (4).

[42] Wang, R., Saboo, A. R., Grewal, R. A managerial capital perspective on chief marketing officer succession [J]. International Journal of Research in Marketing, 2015, 32 (2).

[43] Wu, I. L., Wu, S. M. A strategy-based model for implementing channel integration in e-commerce [J]. Internet Research, 2015, 25 (2).

[44] Zhang, S., Pauwels, K., Peng, C. The Impact of adding online-to-offline service platform channels on firms' offline and total sales and profits [J]. Journal of Interactive Marketing, 2019, 47 (3).

Antecedents and Consequence of Cross-channel Integration: The Perspective of Open System

Qian Liping[1]　Wang Yiyao[2]　Xue Jiaqi[3]　Jiang Rongjie[4]

(1, 2, 4　School of Economics and Business Administration, Chongqing University, Chongqing, 400044;

3　International Business School, University of International Business and Economics, Beijing, 100029)

Abstract: Although more and more traditional retailers have realized the importance of cross-channel integration, there are still many problems when firms execute the cross-channel integration strategy. Existing studies have discussed the linear relationships between various factors and cross-channel integration, but they conclude inconsistent results and lack a holistic and systematic perspective to clarify the interactions between variables. Grounded on the open system theory, from the perspective of internal and external environment, this study verifies the influence of financial resources, executive experience, online experience, offline experience, customer heterogeneity and industry competitiveness on the degree of cross-channel integration of traditional retailers in different economic development regions, and discusses how the degree of cross-channel integration affects the firms' profit growth rate. Based on the secondary data of 91 listed traditional retailers in China, the above effects were tested by fsQCA and OLS regression methods. The results show that the profitability of firms improves the degree of cross-channel integration, but retailers in different economic development regions can achieve cross-channel integration through different ways. Specifically, for firms in developed regions, senior management experience and channel operation experience are the key to cross-channel integration, while financial resources have limited effect. As for firms in developing areas, they can promote cross-channel integration through the advantages of financial resources and online channel operation experience, as well as the interaction of rich offline experience and fierce industry competition. This study clarifies the paths of cross-channel integration in different economic development regions, demonstrates the effect of cross-channel integration, expands the previous research on the antecedents and results of cross-channel integration, and helps managers of traditional retailers to understand the complexity of cross-channel integration from a systematic perspective, as well as provides more specific managerial guidance for retailers in different regions.

Key words: Cross-channel integration; Open system theory; Internal and external environment; Profit growth rate; fsQCA

专业主编：寿志钢

珞珈管理评论
2023 年卷第 2 辑（总第 47 辑）

Luojia Management Review
No. 2，2023（Sum. 47）

信息流广告投放空间的拥挤程度如何匹配信息框架*
——基于调节定向理论的研究

● 寿志钢[1]　丁晓楠[2]　林家业[3]

（1，2，3　武汉大学经济与管理学院　武汉　430072）

【摘　要】移动互联时代广告场景的动态化使得消费者所处的空间特征会影响移动媒体上信息流广告的传播效果。本研究以"社会拥挤"这一中国消费者普遍经历的空间特征为对象，基于调节定向理论，通过仿真实验探究社会拥挤与广告信息框架的匹配效应。研究发现，在社会拥挤环境下采用损失信息框架的广告能够获得更高的点击率与更好的广告记忆效果；而在非拥挤环境下，采用收益信息框架的广告能够获得更高的点击率与更好的广告记忆效果；同时，社会拥挤与广告信息框架对广告记忆效果的匹配效应由信息加工流畅性所中介。本文丰富了信息流广告和社会拥挤的理论，相关结论对改善移动互联背景下的信息流广告效果具有指导意义。

【关键词】信息流广告　社会拥挤　信息框架　匹配效应
中图分类号：F713.8　　　　文献标识码：A

1. 引言

信息流广告是一种嵌入在信息流媒体平台信息之间，且能与平台特征相互融合（原生性），并按照平台信息呈现模式逐条展示（动态性），能支持消费者互动参与（社交性）的互联网展示广告（黄敏学，2019）。移动互联时代，移动网络与终端成为广告传播的主要媒介，嵌入移动媒体平台（如微博、微信、今日头条）的信息流广告发展迅速。2013—2019 年我国信息流广告市场交易规模总体呈逐年上涨趋势，年均复合增速高达 106%，2019 年信息流广告市场交易规模达 1815.6 亿元，同比增长 57%（前瞻产业研究院，2020）。信息流广告规模大幅增长的同时也面临广告传播效果不佳的困

---

* 基金项目：国家自然科学基金面上项目"移动互联时代信息流广告的效果研究：背景信息、时空特征与广告表达的匹配效应"（项目批准号：72072134）。

通讯作者：寿志钢，E-mail：mkshou@ whu. edu. cn。

境，艾媒咨询（2019）的调查报告显示，点击和浏览信息流广告的消费者数量均远远达不到企业的预期，提高信息流广告的传播效果成为学界和业界共同关心的问题。

影响信息流广告传播效果的因素众多，但由于信息流广告普遍嵌入移动媒体平台（如微博、微信、今日头条），投放空间是动态的，广告受众所处的空间特征无疑是重要影响因素之一。例如，Andrews 等（2016）的研究发现，信息受众所处空间的拥挤程度会提升他们对移动广告的响应，他们由此建议，企业应当在拥挤环境中投放信息流广告。然而，这一结论对广告商的指导却较为有限，难道嵌入移动媒体的信息流广告只能投放在拥挤环境中吗？此研究只揭示了拥挤状况下消费者可能会对移动媒体上的广告更为敏感，但并不意味着非拥挤环境下消费者对移动广告就没有响应。如果能够识别拥挤或非拥挤环境中何种类型广告的传播效果更好，则可以为优化信息流广告的投放策略提供更有价值的建议。

本研究认为可以基于调节匹配效应（regular focus fit）为这一问题找到答案。具体而言，以往研究发现社会拥挤会影响消费者的调节定向（Maeng et al.，2013），而个体在关注或接受广告信息时普遍存在调节匹配效应，即：处于不同调节定向的个体对不同信息框架（损失框架 vs. 收益框架）的广告有不同的敏感度和偏好（Lee and Aaker，2004）。因此，本文将借助调节匹配效应探究社会拥挤与广告信息框架的搭配是否会优化广告的传播效果。通过嵌入手机终端的仿真实验，本研究发现，当广告受众感受到社会拥挤时，损失信息框架的广告的点击更高，广告记忆效果更好；而在非拥挤环境下，收益信息框架的广告的点击更高，广告记忆效果更好。数据结果还显示社会拥挤与广告信息框架对广告记忆效果的匹配效应由信息加工流畅性所中介。

2. 文献回顾：社会拥挤与消费者行为

拥挤是中国消费者普遍经历的空间特征，它是个体感受到的与空间有关的负面体验。物理上的拥挤被定义为单位人口的密度（Maeng et al.，2013），而社会拥挤则被定义为个体由于单位面积人口密度过大而感受到的不适、焦虑等主观体验（O'Guinn et al.，2015）。

社会拥挤对消费者行为的影响包括趋近型和回避型两类（柳武妹等，2020）。趋近型影响是指社会拥挤带来的不确定性使消费者感知控制能力减弱，为了重新获取对自我空间的控制，消费者会通过其他补偿行为增强自我控制能力，降低威胁感。在空间受限的状况下，消费者更倾向于多样化、独特性的选择（Levav & Zhu，2009），会选择与众不同的产品来展示自我个性，获得拥挤环境下的自由（Xu et al.，2012），并显著增强对自我提升类产品的偏好（丁瑛和钟嘉琦，2020）。除此之外，消费者的情感需求也会发生变化。拥挤环境下，消费者归属感缺失，情感需求增强，会增强线上分享口碑的意愿（Consiglio et al.，2018），更加依恋品牌等非人类目标，与老品牌之间的依恋关系增强（Huang et al.，2018）。在购买行为上，拥挤环境中，消费者用于理性思考的认知资源减少，情绪对决策的影响增大；消费者会偏好卡路里含量更多的食物，增加冲动购买与补偿性消费（Hock & Bagchi，2018；Mattila & Wirtz，2008）。

回避型影响的系列研究证实了拥挤环境中，消费者光顾商店的意愿和支付意愿下降，对商店和服务有更负面的评价（Hui & Bateson，1991；Machlcit et al.，2000；O'Guinn et al.，2015）。拥挤环境下，个人空间入侵会导致退缩和回避行为，社会回避使消费者的个人选择更加保守，风险规避程度提高，更倾向于选择以安全为定向的产品，例如在便利店和药店之间选择药店（Maeng et al.，2013）。另外，社会退缩的负面影响将降低消费者对以互动为定向的拟人化品牌的偏好，拥挤环境下拟人化品牌的投放可能降低消费者对该品牌的购买意愿（Puzakova & Kwak，2017）。为减轻拥挤感带来的行为限制，个人会通过更加关注自身（by turning inwards）来过滤社会和物理环境的干扰（Milgram，1970），例如更加关注手机，避免与他人对视沟通等（Sommer，2009）。

信息流广告文献并没有专门讨论过社会拥挤这一重要的空间特征对广告效果的影响，但在移动广告研究领域，Andrews 等（2016）关注了社会拥挤对短信优惠券促销效果的影响。他们发现，拥挤地铁环境（相对于非拥挤地铁环境）中，顾客对短信优惠券的响应度更高。据此可以认为，以往研究发现社会拥挤对消费者行为会产生诸多影响，然而探讨社会拥挤对消费者广告响应的文献却很少，更没有文献讨论过拥挤环境下或非拥挤环境下哪种类型的信息流广告会更受欢迎。本研究基于调节定向理论，试图通过分析社会拥挤与信息流广告信息框架的匹配效应来填补当前的文献空缺。

3. 理论基础和研究假设

3.1 调节定向理论

长久以来，追求快乐、回避痛苦的享乐原则（hedonic principle）在心理学领域一直被认为是人们行为的内在动机。然而，1997 年，Higgins 提出的调节定向理论（theory of regulatory focus）挑战了这一原则，更加深入地解释了人们行动背后的机制。具体而言，调节定向是指个人在追求目标的自我调节过程中表现出的特定动机倾向，主要区分为促进定向（promotion focus）和防御定向（prevention focus）两类（Higgins，1997）。在促进定向状态下，个体追求理想和渴望进步，倾向于采用接近策略追求目标，寻求最大化收益并关注理想实现，他们对是否存在积极结果更敏感；而在防御定向状态下，个体则更关心安全、责任和保护，他们采用规避策略追求目标，尽量减少损失并避免制造错误，对是否存在负面结果更敏感（Higgins，1997）。同一件事，处于促进定向的个体更关注事情的正面，尽可能追求美好的结果；处于防御定向的个体更关注事情的反面，尽可能规避负面结果。

此外，调节定向根据形成方式分为情境定向和特质定向，情境定向可以通过材料的运用进行诱发，是暂时性的；特质定向通常与个性、家庭环境等有关，比较稳定（Molden et al.，2008）。以往研究表明，个体对于社会拥挤程度的感知会导致其采取不同的调节定向（Maeng et al.，2013）。

3.2 社会拥挤与不同信息框架广告的点击率

信息框架是指在广告中对消费者强调"购买可能带来的收益"还是"不购买可能造成的损失"

这两种不同策略（Li et al.，2017），前者被称为收益框架，后者被称为损失框架（Zhao & Pechmann，2007）。

个人空间是指个人周围的保护性空间，主要起到对潜在威胁和过度刺激的缓冲作用（Delevoye-Turrell et al.，2011）。相比正常社交距离，社会拥挤环境中个人空间更有可能被侵犯，带来压力和焦虑感，引发个人回避并激活防御定向（Gray & Mcnaughton，2003）。因此，在社会拥挤环境中，个体的防御定向更有可能被激活。而在非拥挤环境中，个人空间未受到限制，个体感知到的风险和威胁程度较低，关注积极结果的促进定向更有可能被激活。

个体在社会拥挤环境下，防御定向被激活（Maeng et al.，2013），会希望尽量减少损失、避免错误，对是否存在负面结果更为敏感。此时，他们对于能够避免损失的信息更为关注，会期望类似信息出现，更愿意去接受损失框架信息的内容。在此情况下，损失框架的信息会比收益框架的信息更容易被他们关注，从而获得更高的广告点击。

与之相对应，个体在非拥挤环境下，促进定向可能被激活（Tong & Li，2021），会寻求最大化收益，对是否存在正面结果更敏感。此时，他们对于能够获得收益的信息更为关注，会期望类似信息出现，更愿意去接受收益框架信息的内容。在此情况下，收益框架的信息会比损失框架的信息更容易被他们关注，从而获得更高的广告点击。

由此，提出假设：

H1a：社会拥挤时，采用损失框架信息比收益框架能得到更高的广告点击。

H1b：非社会拥挤时，采用收益框架信息比损失框架能得到更高的广告点击。

3.3　社会拥挤与不同信息框架的广告记忆效果

尽管在追求目标的过程中，个体可以通过采取促进定向或防御定向进行自我调节，但是有些目标与特定的自我调节策略更加契合（compatible），会导致一种匹配效应（fit）（Higgins，2000）。例如，追求理想结果状态（desirable end-state）的目标与促进定向更加契合，而避免不好的结果状态（undesirable end-state）的目标与防御定向更加契合。当人们的目标追求策略和他们自身的调节定向相匹配（而不是冲突）时，他们就会感知调节匹配（regulatory fit）效应。

Lee 和 Aaker（2004）探究了调节匹配效应对广告说服效果的影响。他们发现，当信息框架与个体自然思考问题的方式一致时，该信息可能更容易加工。这种加工流畅性的主观体验反过来会影响后续的评估，导致更有利的态度。这与先前 Higgins 的研究相一致，提出当人们为达到目标所选择的方式与他们的调节定向相契合（fit）时，人们会"感觉正确"（feel right）（Higgins，2000）。具体而言，在收益框架中强调促进关注和在损失框架中强调防御关注更加符合人们自然的思考方式，使得人们"感觉正确"，即调节定向和信息框架的匹配降低了人们加工信息的难度，人们感知信息中所传达的思想在概念上是流畅的，这种加工的流畅性反过来又导致人们对于广告信息产生积极、正面的态度，最终认为信息更具有说服力。

将调节匹配效应运用于本文的研究背景则可以推断，当处于社会拥挤环境下，个体的防御定向更可能被激活，此时个体如果点击了损失框架的广告，看到的是"不购买可能发生的损失"这类信息，就会与他们防御定向的调节目标相一致，使得个体"感觉正确"，进而降低了对信息的加工难度，由此产生的信息加工流畅性会导致个体对于损失框架广告信息产生正面的态度，提升他们对广告的记忆效果。

与此相对应，当处于非拥挤环境时，个体的促进定向更可能被激活，此时个体如果点击了收益框架的广告，看到的是"购买可能带来的收益"这类信息，就会与他们促进定向的调节目标相一致，使得个体"感觉正确"，进而降低了对信息的加工难度，由此产生的信息加工流畅性会导致个体对于收益框架广告信息产生正面的态度，提升他们此类广告的记忆效果。

由此，提出假设：

H2：社会拥挤和信息框架的匹配会对信息流广告记忆效果造成影响。

H2a：社会拥挤时，采用损失框架信息比收益框架能获得更好的广告记忆效果。

H2b：非社会拥挤时，采用收益框架信息比损失框架能获得更好的广告记忆效果。

H3：社会拥挤和信息框架对广告记忆效果的匹配效应由信息加工流畅性所中介。

4. 研究设计与假设检验

本文通过设计一项仿真实验来检验上述假设。与传统实验室实验相比，仿真实验能够最大程度地还原广告受众在实际生活中接触广告时的情形，提高被试在实验过程中的真实性感知，从而使企业获取用户真实的行为数据。具体而言，本实验搭建了虚拟网页"要闻"，用于模拟资讯类信息流 APP 的实际页面。每个网页包含两条中性的新闻（中性新闻已通过前测），新闻中穿插一则广告，新闻和广告都以标题加小图片的形式呈现，保证信息流广告与新闻的外观一致性（关于操纵材料与操纵测项的详情信息请参见附录）。

4.1 实验流程与被试特征

本实验采用 2（社会拥挤 vs. 非社会拥挤）×2（收益框架 vs. 损失框架）的组间设计，共 270 位在校学生参加此次实验，其中 42.6% 为男性，平均年龄 23.89 岁，62.6% 的被试为大学生，20.7% 的被试为硕士及以上学历。被试被随机分到四个组，社会拥挤—损失框架组 72 人，社会拥挤—收益框架组 69 人，非拥挤—损失框架组 63 人，非拥挤—收益框架组 66 人。为加强实验刺激，网页上端同时呈现问卷中的操纵图片。与实验设计对应，网页中的图片和广告标题的组合也分为四种，不同组除了广告标题不同之外，广告对象和广告内容均相同。

实验流程如图 1 所示：被试登录实验平台后，将通过问卷进入网页，在网页中选择是否点击新闻或广告，点击广告的被试会跳转到一个详细的广告页面（如附录所示）。每个被试点击广告的频次在 Mysql 数据库中记录，为了观察每个人点击广告的情况，网页会根据被试的 cookie 生成一个数字编号，并在问卷中确认他们的编号。返回问卷后，被试继续回答与广告有关的问题，填写测量加工流畅性的题项，对广告的信息框架进行判断，并对图片中的拥挤程度进行打分（图片会再次在问卷中出现）。最后，被试完成基本信息的填写，并获得一个红包作为报酬。

图 1 主要实验流程

4.2 实验操纵

（1）社会拥挤操纵。给被试呈现一张拥挤的图片，让参与者想象自己处于社会拥挤的环境中已被证实是有效的操纵方式（Maeng et al., 2013；Hock & Bagchi, 2018）。本实验中，每组被试被随机分到拥挤的地铁（或空旷的地铁）的图片，想象自己正处于图片的场景中（图片在问卷开头呈现，如附录所示），然后使用 7 级李克特量表完成社会拥挤的操控检验测项（1 = 完全不拥挤，7 = 非常拥挤）。两张图片的视角、大小和像素保持基本一致。前测（$N=55$）显示，置身于图片中的场景，社会拥挤组的被试体会到的拥挤感（$M_{拥挤}=5.67$，SD = 0.76）显著高于非拥挤组（$M_{非拥挤}=2.96$，SD = 1.10，$t(53) = -10.42$，$p<0.001$），表明社会拥挤操纵的设计是合理的。

（2）广告信息框架操纵。根据 Lee 和 Aaker（2004）的研究，在损失框架中更多强调个体的损失，在收益框架中则主要强调个体的获得。为了使广告更符合现实情况，信息框架参考现实中的广告修改而成，除了信息框架的差异，其他因素保持一致。两条广告的对象都是代步工具，损失框架为"代步工具三月八日促销，错过后悔一整年"，收益框架为"代步工具三月八日促销，买到就是赚到"。前测（$N=102$）表明，浏览收益框架广告的被试认为广告是在强调获得（$M_{收益}=5.63$，SD = 1.14 vs. $M_{损失}=3.15$，SD = 1.71，$t(100) = -8.69$，$p<0.001$），浏览损失框架广告的被试认为广告是在强调损失（$M_{收益}=3.42$，SD = 1.43 vs. $M_{损失}=5.94$，SD = 0.96，$t(100) = 10.37$，$p<0.001$），表明广告信息框架的设计是合理的。

4.3 变量测量

（1）广告点击测量。因变量——广告点击在 Mysql 数据库中被记录，被试在网页中点击广告显示为 1，没有点击广告显示为 0。

（2）广告记忆效果测量。根据以往研究，广告回忆（advertising recall）是测量广告记忆效果的主要方式之一，这种方法通常先给被试呈现广告信息，过一段时间后要求被试尽可能多地从自己的记忆中生成这些信息。本文研究的因变量是广告记忆效果，广告回忆可以作为实验操作中测量记忆效果的一种可靠的方式。实验参照了 Holmes（2021）的辅助回忆测量方法，被试需要回忆广告所宣传的产品对象、促销活动时间段和产品特点等广告内容，广告回忆一共设置三个题项，分别是"广告中的对象是什么""广告中的促销活动在什么时间段"以及"广告中产品的特点是什么"，具体得分由被试回答的正确个数（0~3）确定。

（3）加工流畅性测量。参照 Lee 和 Aaker（2004）的测量方式，关于流畅性的问项分别是"我认为这则广告的内容很简单""我认为这则广告的内容很容易理解""我能够清楚理解这则广告"。

4.4　实验结果

（1）操纵检验。采用独立样本 T 检验进行操纵检验。被试在拥挤图片下的拥挤感（$M_{拥挤}=6.64$，SD＝0.57）显著高于非拥挤图片下（$M_{非拥挤}=1.50$，SD＝1.27，$t（246）=-40.34$，$p<0.001$），证实我们对社会拥挤的操纵是成功的。收益框架下，被试认为广告在强调参加促销活动的收益（$M_{收益}=5.80$，SD＝1.00 vs. $M_{损失}=3.56$，SD＝1.85，$t（246）=11.82$，$p<0.001$）；损失框架下，被试认为广告强调的是不参加促销活动的损失（$M_{收益}=3.68$，SD＝1.66 vs. $M_{损失}=5.98$，SD＝1.05，$t（246）=-13.04$，$p<0.001$），广告信息框架操纵有效。

（2）广告点击。考虑到被试可能会因为其他无关因素而重复点击广告，只保留广告点击次数为 1 或 0 的记录，去掉广告点击次数大于 1 的数据。采用卡方检验对广告点击进行分析。首先检验拥挤环境和非拥挤环境下，不同的信息框架是否影响广告点击。

卡方检验的结果如表 1 所示：

表 1　　　　　　　　　　　　　　卡方检验结果

交叉检验	拥挤环境下，不同的信息框架		非拥挤环境下，不同的信息框架	
	χ^2	p	χ^2	p
是否点击广告	7.76	0.005	4.63	0.025
点击广告百分比	损失框架	收益框架	损失框架	收益框架
	62.1%	37.9%	37.9%	62.1%
未点击广告百分比	损失框架	收益框架	损失框架	收益框架
	36.4%	63.6%	58%	42%

（3）拥挤环境下不同的信息框架和广告点击的关系。卡方检验结果显示，社会拥挤环境中，不同的信息框架与广告点击有关，如图 2 所示，拥挤环境下，采用损失框架的广告点击更高，因此假设 H1a 得到支持。

（4）非拥挤环境下不同的信息框架和广告点击的关系。卡方分析结果显示，非拥挤环境中，不同的信息框架和广告点击有关，如图 2 所示，非拥挤环境下，采用收益框架的广告点击更高，因此假设 H1b 得到支持。

（5）广告回忆。以广告回忆作为因变量，以环境和信息框架作为自变量，通过双因素方差分析，发现拥挤与信息框架对广告效果的交互效应显著，环境与信息框架匹配组被试和不匹配组被试在广告回忆上存在显著差异（$F（1，246）=55.64$，$p<0.001$）。具体如图 3 所示，拥挤环境下，采用损失框架的广告比收益框架的广告效果更好（$M_{损失框架—问题回答正确数}=2.21$，SD＝0.83

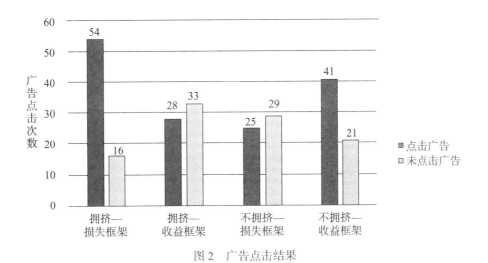

图2　广告点击结果

vs. $M_{收益框架——问题回答正确数}$ = 1.38，SD = 1.04，t (129) = −5.05，$p<0.05$）；非拥挤环境下，采用收益框架的广告比损失框架的广告效果更好（$M_{收益框架——问题回答正确数}$ = 2.25，SD = 0.72 vs. $M_{损失框架——问题回答正确数}$ = 1.41，SD = 0.94，t (115) = 5.40，$p<0.001$），结果支持了假设 H2a 和 H2b。

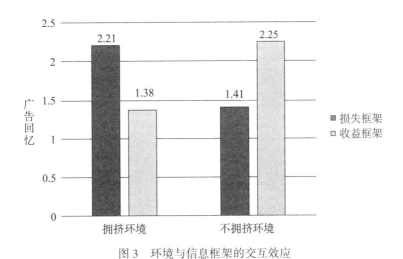

图3　环境与信息框架的交互效应

（6）中介检验。根据 Zhao 等（2010）提出的中介效应分析步骤，对加工流畅性的中介效应进行了检验。使用 Bootstrap 方法，模型选定为 Model 7，样本量设置为 5000。Bootstrap 结果显示，在 95% 的置信区间下，中介检验的结果不包含 0（LLCI = 0.1166，ULCI = 0.5131），加工流畅性的中介作用显著。具体而言，拥挤环境下，损失框架广告比收益框架广告的加工流畅性更高（$M_{损失框架}$ = 5.50，SD = 0.88 vs. $M_{收益框架}$ = 4.95，SD = 0.98，t (129) = −3.43，$p<0.05$）；非拥挤环境下，收益框架广告比损失框架广告的加工流畅性更高（$M_{收益框架}$ = 5.67，SD = 0.93 vs. $M_{损失框架}$ = 4.81，SD = 1.12，

t（115）= 4. 43，$p<0.001$），因此假设 II3 得到支持。

5. 结论与展望

5.1 结论与讨论

本文基于调节定向理论，探讨了社会拥挤状况与信息框架的匹配效应对信息流广告效果的影响（包括点击率和广告记忆效果）。仿真实验的结果支持了本研究提出的所有假设。具体而言，在社会拥挤环境下，个人处于防御定向，更关注损失的规避与是否存在负面结果，对于能够帮助他们规避损失的信息更加敏感，进而导致了对损失框架信息更高的广告点击；而在非拥挤情境下，个体处于促进定向，更追求收益的获得与是否存在正面结果，对于能够帮助他们追求收益的信息更加敏感，进而导致了对收益框架信息更高的广告点击。

在（非）社会拥挤环境下，当处于防御（促进）定向的个体点击损失（收益）信息框架的广告时，会达成调节匹配，进一步形成社会拥挤与广告信息框架的匹配。匹配效应会增强个体参与感，增强个体对于点击行为的"感觉正确"，从而对损失（收益）框架信息的加工与处理更加流畅。在信息加工流畅性的帮助下，匹配组（拥挤—损失框架/非拥挤—收益框架）获得了更好的广告记忆效果，达到更佳的广告传播效果。

5.2 理论贡献

首先，本文讨论了信息流广告投放的空间特征和信息框架的匹配，从动态性和场景化的视角深化了信息流广告的研究内容。信息流广告的传播具有超越空间的特征，不同的物理场景和关系场景下，信息流广告效果具有差异。近年来，学者们在讨论信息流广告的效果时，以信息流广告的原生性研究为重点，主要集中在广告的内容设计和披露方式上（Hwang & Jeong, 2019；Krouwer et al., 2019；Wen et al., 2020），鲜有研究将消费者识别广告时的空间特征与广告表达方式结合起来。本研究从广告投放的社会环境出发，通过分析受众所处的空间特征和广告信息框架的匹配，发现在不同的社会拥挤状况下，应该采用不同的信息框架，扩展了信息流广告领域的研究。

其次，本文为社会拥挤拓宽了新的研究视角。目前社会拥挤对消费者行为的影响研究主要集中在线下消费情境中的产品选择和补偿性消费两方面（Xu et al., 2012；Maeng et al., 2013；Puzakova & Kwak, 2017；Hock & Bagchi, 2018），仅有 Consiglio 等（2018）讨论了社会拥挤对消费者在线口碑分享的影响，Andrews 等（2016）发现了社会拥挤会促进消费者对移动广告的反应。本研究将社会拥挤和信息流广告的效果结合起来，考察社会拥挤如何影响个体对广告的关注，并使用网页模拟了消费者浏览广告时的真实情境，将社会拥挤的影响迁移至信息流广告场景中，精细化了消费场景和方式。另一方面，本文丰富了社会拥挤对消费者趋近行为的影响，揭示了社会拥挤一个相对积极的结果，即社会拥挤会影响消费者对不同广告的关注、点击与回忆，进而提高了拥挤环境中采用损失框架广告的效果。

最后，本文发现消费者在不同程度的拥挤环境下会激活不同的调节定向，在（非）拥挤环境下，当防御（促进）定向的个体点击损失（收益）信息框架的广告时，就会经历调节匹配，进而形成社会拥挤与广告信息框架的匹配。匹配效应使个体更容易对信息进行加工，更高的加工流畅性导致了个体更好的广告记忆效果。

5.3　管理启示

从广告商视角，本文的研究结果为帮助其取得更好的广告效果提供了一定的参考。广告商通常会在信息流广告中采取各式各样的文字描述来呈现所提供产品或服务的相关信息，本文指出，当消费者（即信息流广告接收者）处于社会拥挤环境中时，广告中应该使用强调不购买产品/服务可能带来的损失的信息框架；而当消费者所处的环境没那么拥挤时，广告中应该使用强调购买产品/服务可能带来的收益的信息框架。广告商在与移动媒体平台企业沟通关于信息流广告的投放方式时，可以参照该匹配范式，提高信息流广告的点击率与广告记忆。

从移动媒体平台企业视角，本文的研究结果为企业选择投放广告方式提供了一定的参考。移动互联背景下，消费者对信息的需求具有动态化、碎片化的特点，基于移动终端的信息流广告需要精准地适应消费者的动态变化，满足不同用户的个性化需求。而当前大多数企业是根据用户偏好和历史行为与广告内容进行实时匹配，或基于地理位置推送实时广告，这样很可能会引发用户的反感，给用户带来隐私泄露的威胁感。如果能根据用户所处的空间特征和心理状况进行广告的动态匹配，不仅能有效降低用户的不适，还能达成更好的广告传播效果。但目前算法还无法做到这一点，主要原因是单纯依靠数据挖掘技术实现动态匹配的难度过大，算法模型容易出现过度拟合（Guseva et al.，2016）。尽管如此，本文的研究仍具有实践意义，例如企业可以在不同的时间段采取不同广告信息框架进行投放（例如早上 7—8 点投放采用损失框架的广告等）。总之，企业在投放信息流广告时，可以参照该匹配范式，降低数据挖掘的复杂度，减少预测误差，真正达到精准营销的效果。

从消费者视角，本文的研究结果为消费者更加理性地消费提供了一定的参考。例如当消费者处于拥挤的环境时，损失框架广告对于消费者来说具有更好的说服效果，即消费者可能会由于社会拥挤—损失框架的匹配提高后续的购买/消费可能性。然而，消费者可能实际上并不需要广告中的产品或服务。本文的研究结论有助于消费者更好地审视对于信息流广告中产品/服务的真实需求，避免由于匹配效应带来的不必要消费。

5.4　研究不足与展望

本文仍存在一定的局限性，在此总结并提出未来研究展望。

首先，尽管本研究通过一项仿真实验证明了研究假设，但外部效度仍然不足，未来可以考虑用二手数据作进一步的验证；其次，本研究中均是采用图片作为刺激对社会拥挤进行操纵，需要被试想象自己处于图片所示的环境中，未来可以尝试田野实验的方式，尽可能还原现实生活中消费者处于社会拥挤环境下的心理感受，或采用眼动实验的形式，直接观察被试的注意力集中度；最后，本文探讨的是信息流广告投放的空间特征与信息框架的匹配对于广告效果的影响，并未考虑时间因素的影响。鉴于以往移动广告研究探讨了时间因素与空间因素的交互影响（Luo，2014），将来可以进一步引入时间因素，例如比较早上时段的社会拥挤环境与下午或晚上的社会拥挤环境之间的差异。

◎ **参考文献**

［1］ 艾媒咨询 . 2019 中国信息流广告市场研究报告［EB/OL］. https：//report. iimedia. cn/repo1-0/38877. html.

［2］ 丁瑛，钟嘉琦 . 社会拥挤对自我提升类产品偏好的影响［J］. 心理学报，2020，52（2）.

［3］ 黄敏学，张皓 . 信息流广告的前沿实践及其理论阐释［J］. 经济管理，2019，41（4）.

［4］ 林晖芸，汪玲 . 调节性匹配理论述评［J］. 心理科学进展，2007（5）.

［5］ 柳武妹，马增光，卫旭华 . 拥挤影响消费者情绪和购物反应的元分析［J］. 心理学报，2020，52（10）.

［6］ 前瞻产业研究院 . 2022—2027 年中国互联网广告行业市场前瞻与投资战略规划分析报告［EB/OL］. https：//bg. qianzhan. com/report/detail/bd27f3a20b7c47a0. html.

［7］ 沈曼琼，王海忠，胡桂梅 . 营销领域的社会拥挤研究述评与展望［J］. 外国经济与管理，2019，41（3）.

［8］ Andrews，M.，Luo，X.，Fang，Z.，et al. Mobile ad effectiveness：Hyper-contextual targeting with crowdedness［J］. Marketing Science，2016，35（2）.

［9］ Consiglio，I.，Angelis，M. D.，Costabile，M. The effect of social density on word of mouth［J］. Journal of Consumer Research，2018，45（3）.

［10］ Delevoye-turrell，Y.，Vienne，C.，Coello，Y. Space boundaries in schizophrenia：Voluntary action for improved judgments of social distances［J］. Social Psychology，2011，42（3）.

［11］ Gray，J. A.，Mcnaughton，N. The neuropsychology of anxiety：An enquiry into the function of the septo-hippocampal system（second edition）［M］. Oxford：Oxford University Press，2003.

［12］ Guseva，A. I.，Kireev，V. S.，Filippov，S. A. Highly pertinent algorithm for the market of business intelligence，context and native advertising［J］. International Journal of Economics and Financial Issues，2016，6（S8）.

［13］ Higgins，E. T. Beyond pleasure and pain［J］. American Psychologist，1997，52（12）.

［14］ Higgins，E. T. Making a good decision：Value from fit［J］. American Psychologist，2000，55（11）.

［15］ Hock，S. J.，Bagchi，R. The impact of crowding on calorie consumption［J］. Journal of Consumer Research，2018，44（5）.

［16］ Holmes, T. A. Effects of self-brand congruity and ad duration on online in-stream video advertising ［J］. Journal of Consumer Marketing, 2021, 38 (4).

［17］ Huang, X. , Huang, Z. Q. , Wyer, R. S. The influence of social crowding on brand attachment ［J］. Journal of Consumer Research, 2018, 44 (8).

［18］ Hui, M. K. , Bateson, J. E. G. Perceived control and the effects of crowding and consumer choice on the service experience ［J］. Journal of Consumer Research, 1991, 18 (2).

［19］ Hwang, Y. , Jeong S. Editorial content in native advertising: How do brand placement and content quality affect native-advertising effectiveness? ［J］. Journal of Advertising Research, 2019, 59 (2).

［20］ Krouwer, S. , Poels, K. , Paulussen, S. Exploring readers' evaluations of native advertisements in a mobile news app ［J］. Journal of Media Business Studies, 2019, 16 (2).

［21］ Lee, A. Y. , Aaker, J. L. Bringing the frame into focus: The influence of regulatory fit on processing fluency and persuasion ［J］. Journal of Personality Social Psychology, 2004, 86 (2).

［22］ Levav, J. , Zhu, R. Seeking freedom through variety ［J］. Journal of Consumer Research, 2009, 36 (4).

［23］ Li, C. , Luo, X. , Zhang, C. , et al. Sunny, rainy, and cloudy with a chance of mobile promotion effectiveness ［J］. Marketing Science, 2017, 36 (5).

［24］ Luo, X. , Andrews, M. , Fang, Z. , et al. Mobile targeting ［J］. Management Science, 2014, 60 (7).

［25］ Machleit, K. A. , Kellaris, J. J. , Eroglu, S. A. Human versus spatial dimensions of crowding perceptions in retail environments: A note on their measurement and effect on shopper satisfaction ［J］. Marketing Letters, 1994, 5 (2).

［26］ Maeng, A. , Tanner, R. J. , Soman, D. Conservative when crowded: Social crowding and consumer choice ［J］. Journal of Marketing Research, 2013, 50 (6).

［27］ Mattila, A. S. , Wirtz, J. The role of environmental stimulation and social factors on impulse purchasing ［J］. Journal of Services Marketing, 2008, 22 (7).

［28］ Milgram, S. The experience of living in cities ［J］. Science, 1970, 167 (3924).

［29］ Molden, D. C. , Lee, A. Y. , Higgins. E. T. Handbook of motivation science ［M］. New York: The Guildford Press, 2006.

［30］ O'Guinn, T. C. , Tanner, R. J. , Maeng, A. Turning to space: Social density, social class, and the value of things in stores ［J］. Journal of Consumer Research, 2015, 42 (2).

［31］ Puzakova, M. , Kwak, H. Should anthropomorphized brands engage customers? The impact of social crowding on brand preferences ［J］. Journal of Marketing, 2017, 81 (6).

［32］ Sommer, R. , Reis, H. , Sprecher, S. Encyclopedia of human relationships ［M］. Newbury Park: SAGE Publications, Inc. , 2009.

［33］ Tong, L. , Li, J. The influence of social crowding on consumer creativity ［J］. International Journal of Business and Management, 2020, 16 (11).

［34］ Wen, T. J., Kim, E., Wu, L., et al. Activating persuasion knowledge in native advertising: The influence of cognitive load and disclosure language ［J］. International Journal of Advertising, 2020, 39 （1）.

［35］ Xu, J., Shen, H., Wyer, R. S. Does the distance between us matter? Influences of physical proximity to others on consumer choice ［J］. Journal of Consumer Psychology, 2012, 22 （3）.

［36］ Zhao, G., Pechmann, C. The impact of regulatory focus on adolescents' response to anti-smoking advertising campaigns ［J］. Journal of Marketing Research, 2007, 44 （4）.

［37］ Zhao, X., Lynch, J. G., Chen, Q. Reconsidering Baron and Kenny: Myths and truths about mediation analysis ［J］. Journal of Consumer Research, 2010, 37 （2）.

The Matching Effect between Social Crowding and Message Framing of In-feed Ad
—A Study Based on Regulatory Focus Theory

Shou Zhigang[1] Ding Xiaonan[2] Lin Jiaye[3]

（1, 2, 3 Economics and Management School, Wuhan University, Wuhan, 430072）

Abstract: The dynamics of advertising scenarios in the mobile Internet era make the spatial characteristics of consumers affect the communication effectiveness of feed advertising on mobile media. Based on the regulatory focus theory, this study selects "social crowding", a spatial feature commonly experienced by Chinese consumers as the research object, aims to explores the matching effect between social crowding and the message frame through a simulation experiment. The study found that advertisements using loss-framed can get higher click-through rates and better advertising memory in a crowded environment; while in an uncrowded environment, advertisements using gain-framed can get higher click-through rates and better advertising memory. Meanwhile, the matching effect of social crowding and message framing on advertisement recall is mediated by information processing fluency. This paper enriches the theories of feed advertising and social crowding, and the relevant conclusions have guiding significance for improving the effectiveness of feed advertising in the context of mobile Internet.

Key words: In-feed Ad; Social crowding; Message frame; Matching effect

责任编辑：路小静

附录

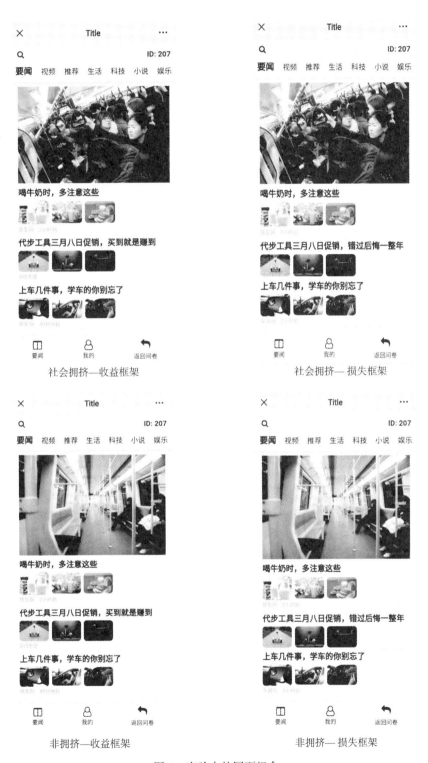

图 1 实验中的网页组合

资料来源：网页截图。

珞珈 管理评论
2023 年卷第 2 辑（总第 47 辑）

Luojia Management Review
No. 2，2023（Sum. 47）

数字化产品的营销沟通：
弹幕、外部网络口碑与消费行为*

● 袁海霞[1]　张怡琳[2]　徐海琴[3]　方青青[4]

（1，2，3，4　安徽大学商学院　合肥　230601）

【摘　要】与以往对外部网络口碑和部分消费行为的关系进行简单线性概括的研究不同，本文基于消费者决策进程模型，以网络视频这一数字化产品为研究对象，抓取了 B 站的 837 部电影数据，以弹幕为切入点对外部网络口碑效价与数字化消费行为的关系及其边界条件展开研究。结果发现：外部网络口碑效价对"购买环"消费行为呈"倒 U 形"影响，对"忠诚度环"体验（点赞、收藏）、信任（硬币）行为呈"倒 U 形"影响，但对"忠诚度环"互粉（分享）行为呈"U 形"影响。对于可见弹幕和总体弹幕来说，弹幕数量和弹幕情感改变了外部网络口碑与数字化消费行为过程间的曲线关系；非可见弹幕的数量和情感调节效应不显著。本研究丰富了外部网络口碑与数字化消费行为的研究成果，为弹幕研究提供新的研究思路，对数字化产品口碑营销管理有重要的现实指导意义。

【关键词】数字化产品　外部网络口碑效价　弹幕　数字化消费行为

中图分类号：F713.55　　　　　文献标志码：A

1. 引言

数字网络时代，消费者倾向于依赖网络口碑来辅助个人进行决策，以降低风险。网络口碑是指消费者通过网络平台发布的对产品或公司的评价（Cheung & Lee，2012）。根据发布的平台不同，可将其划分为来源于淘宝、京东等电子商务平台的内部网络口碑和来源于豆瓣等第三方平台的外部网络口碑（袁海霞，2018；Zhou & Duan，2015）。与内部网络口碑相比，外部网络口碑由于其依存平台

* 基金项目：国家自然科学基金面上项目"企业平台化转型的战略创业路径研究"（项目批准号：71972001）；安徽省高校研究生科学研究一般项目"电商直播营销模式研究：作用机制、效果评估及提升路径"（项目批准号：YJS20210074）。

通讯作者：袁海霞，E-mail：yuanhaixia0418@126.com。

相对独立、数量更加庞大、信息更加全面，对在线消费的影响效果更强（Gu et al.，2012；Malhotra & Helmer，2012）。近年来随着互联网交互技术的发展，网络口碑形式日渐多样。以同步或伪同步为主要特征的即时在线评论——弹幕，作为一种新形式的网络口碑开始走入大众视野，成为影响数字化产品消费行为的又一新生力量。数字化产品是指可以经过数字化并能够通过数字网络传输的产品（Kalyanam & Mclntyre，2002）。弹幕是在屏幕上方自右向左滚动的"实时"评论（Li & Guo，2021），为数字化产品用户创设了一个别具一格的小剧场，文字与剧情、文字与视频人物、文字与文字之间的多重交织产生了一种更为复杂的综合效益，成为数字化产品价值共创的一种新形式。如青春励志偶像剧《芈月传奇之战国红颜》虽豆瓣评分只有4，但依靠弹幕，仅上线7天点击量轻松破亿，稳居当时网剧日播放量排行榜前三甲。弹幕这种新形式的在线评论打破了外部网络口碑的主导优势。这究竟是一种偶然还是数字化产品营销的新契机？弹幕能否弱化外部网络口碑的影响，为数字化产品营销沟通提供新工具？

现有文献分别对弹幕、外部网络口碑与数字化消费行为结果进行了研究，但未同时系统考虑二者的整合影响，很难为上述问题的解决提供思考。具体来说，首先，对于外部网络口碑与数字化消费行为，部分学者对比分析了网络口碑发布平台差异（Jeong & Koo，2015；闫强等，2019）对消费者感知有用性的影响；也有学者从外部网络口碑的基本特征出发，探究了外部网络口碑的数量、效价、离散度等信息特征对产品线下购买行为（Chintagunta et al.，2010）、线上销量（Gu et al.，2012）及产品选择（Senecal & Nantel，2004）的影响，及其在内部网络口碑对购买倾向（Jeong & Koo，2015）、在线销售（袁海霞，2018）影响中的调节效应。其次，对于弹幕与数字化消费行为，现有研究认为弹幕这种实时文字评价反映了消费者在视频产品消费中的即时反应（Fang et al.，2018；Zhang et al.，2020），对消费者在线参与行为如点赞（Lin et al.，2021；Lu et al.，2021）、赠礼（Li & Guo，2021；Zhou et al.，2019）、投币（Zhang et al.，2020；袁海霞等，2020）有重要影响。然而，消费是一个需要时间的过程，而非一个时间点上的结果。现有研究不仅缺乏对外部网络口碑与弹幕的同时关注，而且也多将数字化消费行为看作一种浅层次选择结果而非过程，忽略了对数字化消费行为演化过程的关注。

为解答上述问题并弥补现有研究的不足，本文结合数字时代消费行为的显著特征，以消费者决策进程模型（CDJ）为理论基础，以网络视频这一数字化产品为研究对象，从营销沟通视角出发，探讨弹幕时代外部网络口碑对数字化消费行为过程的影响机制及其边界。

2. 理论基础及研究述评

2.1 外部网络口碑

2.1.1 外部网络口碑的特点

外部网络口碑专注于产品信息的提供，且其信息的来源相对比较独立，与发布于零售网站的内部网络口碑相比，具有独特的优势（Gu et al.，2012）：首先，从口碑发布的平台来看，外部网络口碑依存的平台相对独立，在产品信息提供上深耕细作，具有较高的声誉和认可度；其次，从信息内容来看，与在线零售商提供的产品评论相比，外部网络口碑包含大量的产品信息，且内容更加专业、更加聚焦；再次，从信息发布主体来看，外部网络口碑信息内容的提供者不仅包含大量的普通消费者，同时还包含某领域的专业意见领袖，丰富了信息的深度；最后，从影响力来看，外部网络口碑对消费者行为影响更大（Lin et al.，2021；李琪和任小静，2015），且会改变内部网络口碑的影响效果（Zhou & Duan，2015）。

2.1.2 外部网络口碑与消费行为的研究现状

鉴于外部网络口碑的独特优势，学术界对其与数字化消费行为的关系也进行了深入研究，从消费行为过程来看，相关研究成果主要集中于两个方面：

首先，部分学者从口碑发布的平台差异性出发，采用实验或案例研究法，对比分析了内外部网络口碑在信息有用性上存在的差异。如闫强等（2019）采用案例研究法以精细加工可能性模型和有用性理论为基础，从边缘路径和中心路径两个方面解析了内部网络口碑和外部网络口碑在消费者感知有用性上的差异。也有部分学者基于各平台在商业性、独立性等特征上的不同设计相应实验，采用归因理论解析了消费者对不同平台口碑信息的归因差异，指出由于第三方平台商业性较弱，消费者更倾向将其口碑信息归因于产品本身（Lin et al.，2021），感知其有用性显著高于内部网络口碑，且对体验型产品来说差异更显著（李琪和任小静，2015）。上述研究在一定层面上从有用性视角对比分析了内外部网络口碑的影响效果，但一方面，案例研究未能全面细致地分析相关研究数据，实验法虽内部效度较好，但实验操纵的条件有限，其相对较低的外部效度也难以跟现实情境契合，故分析结果也容易引起质疑；另一方面，其对消费行为的关注更多停留在消费者感知层面，缺乏对行为过程的关注。

其次，部分学者以真实交易数据为基础，对外部网络口碑与消费者行为的关系进行了分析。从行为发生情景来看，一方面，部分学者分析了外部网络口碑对线下消费行为结果的影响。如Chintagunta（2010）以 148 部影片为研究对象，分析了外部网络口碑的数量、效价和离散度对电影票房的影响，发现与数量和离散度相比，效价正向影响票房收入。Duan 等（2008）以 71 部电影构成的面板数据集为研究对象，分析发现外部网络口碑数量正向影响电影票房。Clemons 等（2006）以啤酒行业为例，研究发现平均评级与销量增长正相关，且最高评级是未来销售快速增长的良好预测指标。另一方面，随着在线消费的兴起，外部网络口碑对数字化消费行为的影响也引起了研究人员的关注。如 Gu 等（2012）以高涉入度产品为研究对象，研究发现外部网络口碑的数量与效价对购买行为的提升有积极影响。与内部网络口碑相比，外部网络口碑对在线选择的影响更强（Senecal & Nantel，2004）。王建军等（2019）研究发现发布于豆瓣社区、大众点评等平台的陌生口碑正向影响消费者购买意愿。需要注意的是，上述研究仅分析了外部网络口碑对消费过程某阶段的行为结果的影响，忽略了对在线消费过程的关注。

此外，现有研究认为直观生动的信息比平淡、抽象的信息更容易对决策者产生影响（Taylor & Thompson，1982）。与口碑数量不同，口碑效价更加直接地向潜在消费者传递了产品的质量信息（丘萍和张鹏，2017），对数字化消费行为影响更大（Chintagunta et al.，2010）。故本文将集中于效价层面对外部网络口碑进行深入研究。

2.2　弹幕

弹幕原是第一次世界大战时期的军事用语，指同一时间发射大量子弹或进行密集的炮火射击。2006 年日本视频网站 Niconico 开发了一种新型评论功能，用户发表的评论能实时显现在视频里，当评论密集时观看过程中画面会出现大量评论横飞，由此得名"弹幕"，即视频时间点上用户生成的对该时点视频内容的实时评论，其存在形式为覆盖于视频屏幕上方的自右向左移动的字幕流信息（Chen et al.，2017）。所以从本质上说，弹幕是一种新形式的网络口碑，也是数字化产品价值共创的一种新形式，侧重于消费行为过程中某具体消费时刻的体验，是一种新型的动态瞬间消费流信息（Zhang et al.，2020），属于消费中信息数据。其他的网络口碑更多是消费后对产品做出的整体评估，由于发布时刻的影响，消费后的网络口碑很难全面概括在产品消费过程中个体的瞬时体验，所形成的整体评估为其他个体提供的信息有限。弹幕作为一种动态瞬间消费流信息，是个体瞬时体验的反应，不仅能够丰富和深化网络口碑提供的信息，而且在构成整体评估中也有重要作用，对体验满意有重要影响（Hui et al.，2014），具体来说，相关研究成果主要集中于如下几个方面：

首先，部分学者采用文献研究、扎根理论、实地调研等研究方法，从视频观看者需求与弹幕属性两个方面对用户消费行为的驱动因素进行了研究。结果发现视频观看者的实用性需求、享乐需求、社交需求（Lin et al.，2018）及个人的情感、认知（张帅等，2018）等是个人观看弹幕视频的主要动机。其次，在此基础上部分学者从弹幕的属性、功能、数量、情感等方面出发，分析了弹幕对用户的态度和使用频率（Chen et al.，2017）、娱乐体验（Liu et al.，2016）、节目播放量（龚诗阳等，2017）、视频流行度（王霞和梁栋，2019）及由此带来的感知交互性（Liu et al.，2016）等消费行为的影响。再次，供需双方（即视频上传者和视频观看者）的个性与特征对弹幕视频用户的态度、使用频率和视频流行度等消费行为也有重要影响。对视频观看者来说，与认知丰富等其他个人差异性因素相比，性格因素能更好地预测互联网行为（Devaraj et al.，2008），个性特征不同，其弹幕视频观看行为也会发生改变（Chen et al.，2017）。视频上传者的粉丝数量与视频数量也会改变弹幕对视频流行度的影响（王霞和梁栋，2019）。Zhang 等（2020）对弹幕文本主题进行分析，在控制声音响度、音高、台词、摄像机运动等因素的基础上，提出了一种消费型社会聆听的新方法，对弹幕视频中的即时同步（MTMS）与电影评分和硬币数量间的关系进行了深入解析，不仅为弹幕的研究提供了一种新的方法，且与先前研究相比，对消费行为分析也更为深刻。最后，近年来直播兴起，弹幕也被运用在直播领域并引起学者关注，研究发现弹幕中词的数量、弹幕数量、辩论程度、相似性、与兴奋相关的词汇占比、表情符号占比等影响观看者的点赞（Lin et al.，2021；Lu et al.，2021）、赠礼（Li & Guo，2021；Zhou et al.，2019）、投币（袁海霞等，2020）等行为。

此外，人民网舆情监测室研究发现，三成用户选择在观看视频时参与实时互动，不仅如此，外部网络口碑（如豆瓣评分）一直被认为是影响电影票房收入的关键因素之一（石文华等，2017）。互联网弹幕的出现，构建了超越时空的共享体验，对用户心理和行为产生了重要影响。弹幕的出现是否改变了外部网络口碑对数字化消费行为影响的主导优势成为口碑研究关注的重要问题之一。

2.3 数字化消费行为

数字化时代消费者以信息为中心，通过全新的方式与品牌关联，形成了迥然不同的购买行为和决策模式，行为不再是逐步缩小范围的"漏斗式"过程，而是循环往复的环状，该模型被称为消费者决策进程模型（Consumer Decision Journey，CDJ）或双环模型（卢泰宏，2017）。它认为数字化消费行为由"购买环"和"忠诚度环"两个内切小环构成，包括考虑（consider）、评估（evaluate）、购买（buy）组成的"购买环"行为，及体验（enjoy）、互粉（推介）（advocate）、信任（建立纽带）（bond）构成的"忠诚度环"行为（Court et al.，2009）。该模型认为，数字化媒体赋予消费者更多的手段，随着在线购买触点的形成，更深层次联系发生，个体体验后会通过口碑等推介品牌（互粉），形成品牌信任和忠诚（建立纽带）。随后个体的消费行为将跳过"购买环"，形成"忠诚度环"的深层次消费行为（Edelman，2010）。消费者决策进程模型考虑了消费者行为决策的涉入度和数字化消费行为过程的非线性变化，这对于深刻认识数字化消费行为的过程、识别行为过程中不同触点的优先等级及其利益和相应资源的配置都有重要的现实意义，因此，本文基于消费者决策进程模型对数字化产品的消费行为开展研究。

3. 研究假设

根据消费者决策进程模型，数字化消费行为由"购买环"消费行为和"忠诚度环"消费行为两个内切小环构成。为深入分析弹幕、外部网络口碑与数字化消费行为过程的关系，本文从"购买环"和"忠诚度环"两个方面开展研究。

3.1 外部网络口碑与"购买环"行为

"购买环"消费行为由考虑、评估和购买三个环节构成（Court et al.，2009），其中考虑和评估涉及更多的是心理行为，购买行为是考虑和评估的输出结果，故对于"购买环"行为，本文主要对购买行为进行研究。

口碑效价作为评论者对产品的态度倾向，常以评分的形式展现。但对于网络口碑效价与在线消费的关系，现有研究并未达成统一意见。多数研究认为口碑效价正向影响产品销量（Ye et al.，2009；Chang & Chen，2019），更有甚者提出与口碑数量相比，效价的影响更强（Chintagunta et al.，2010），但也有研究发现口碑效价对销量提升并无明显作用（Liu，2006）。本文认为造成上述分歧的原因可能在于对效价与消费行为之间复杂关系的简单线性理解。部分研究认为，网络口碑存在说服效应（龚诗阳等，2012），外部网络口碑效价越高意味着评价越积极，产品价值越高，对在线购买行为的正面影响也就越大。同时研究发现积极评论传递出来的信息真实性相对较低（傅锋等，2021）。当外部网络口碑效价过高时，其提供的实用信息有限，同时也会引发消费质疑，因此又会削弱购买行为。故本文认为，外部网络口碑的效价在一定范围内正向影响购买行为，但当效价达到一定程度后，对信息真实性的质疑又会削弱购买行为。基于此，提出假设：

H1：外部网络口碑效价与在线购买行为呈"倒 U 形"关系。

3.2　外部网络口碑与"忠诚度环"行为

结合消费者决策进程模型，"忠诚度环"行为由体验、互粉、信任等构成（Court et al.，2009）。购后体验决定了消费者对每项后续决策的意见，该过程是一个持续不断的循环，且购后消费者在新的在线触点，不断深化与品牌的联系。互粉是当消费者对品牌满意（不满意）时，会通过口口相传推介品牌（放弃品牌或作出负面宣传）。信任是指如果品牌与消费者之间的联系足够紧密，会带来重复购买且不需要再经过之前的"考虑"和"评估"阶段。

根据期望确认理论（Expectation Confirmation Theory，ECT）（Oliver，1980），外部网络口碑提供的信息会促使个体形成对产品的前期期望。在实际的消费体验之后，消费者会对该产品或服务的实际绩效形成一个新的自我认知。此时消费者会将自我的认知绩效与前期的期望进行比较，确认程度将会影响个人满意度。结合网络口碑的说服效应，其正（负）面属性通过塑造和改变消费态度影响消费者的购买决策（龚诗阳等，2012）。网络口碑效价越高，意味着现有用户对产品的评价就越积极。随着外部网络口碑效价的提高，用户期望的确认程度也就越高，认为产品带来的实际效用较好，相应的用户体验效果也就越好，用户与品牌之间的关系能够得到进一步强化，最终形成比较稳定的信任关系，并发生重复购买行为。同时现有研究认为，个体为了获得他人的关注、认可，进一步提高自我影响力，将在自我提升动机（Hennig-Thurau et al.，2004）的驱使下，通过口口相传或互联网推介品牌。随着网络口碑效价的不断提升，分享行为为个人带来的维系其在某领域专业地位或影响力的效用逐渐降低，由此带来的分享行为将逐渐减少。

然而，当外部网络口碑效价达到一定程度后，相对较高的外部网络口碑效价将促使用户产生过高的期望，实际消费后的认知绩效与过高的前期期望之间的差额变小，可能又会带来满意度的降低和用户体验的下降，同时也阻碍信任机制的产生。此外需要注意的是，较高的网络口碑效价意味着产品的普及，外界群体的压力和社会主流意识的影响，又会迫使个体参与分享与推介。故本文认为，对体验和信任行为来说，外部网络口碑的效价在一定范围内对其产生正向影响，当超过一定限度后，确认程度的降低又会削弱该行为。而对于分享行为来说，外部网络口碑效价的提升将会削弱个人对外分享时产生的效用，削弱自我提升动机。随着产品的普及，外界压力的存在，又会促使个人参与分享。基于此，提出假设：

H2：外部网络口碑效价与体验、信任行为呈"倒 U 形"关系，而与互粉行为呈"U 形"关系。

3.3　弹幕的调节作用

弹幕作为一种新型的动态瞬间消费流信息，其本质上也是一种新的在线评论和价值共创形式，现有研究普遍认为其数量对销量的提高有重要影响（龚诗阳等，2017；王霞和梁栋，2019）。从原则上说，首先，研究认为弹幕主要有内容型、交流型和情感型三种类型（Zhang et al.，2020），弹幕数量越多，所提供的关于产品细节的内容就越丰富（Chen et al.，2017），产品被其潜在用户全面了解的可能性越大。此外，弹幕作为一种新型在线评论，其数量可作为"知晓度"的代理变量（聂卉和司倩楠，2019），根据知晓效应，弹幕数量越多，产品被知晓和普遍认可的可能性就越大。其次，弹幕情感得分越高，消费者评价越高，表明观众对产品细节的认可度越高，弹幕情感所提供的关于产品细节的评价对消费行为过程的影响就越大。同时，弹幕情感越积极，产品的信誉度越高，产生的说服效应也越强。因此，本文认为弹幕可以补充外部网络口碑效价提供信息的不足，降低用户在消费过程中对外部网络口碑效价的依赖，进而改变外部网络口碑效价对购买行为的影响。具体而言，弹幕可以为用户提供与产品有关的信息，如在网络视频平台，弹幕用户提供了丰富的人物、剧情、视频原著、视频拍摄细节等信息（王蕊等，2019），能够有效降低外部网络口碑效价对个人消费行为影响的主导优势，同时由于弹幕提供了更加丰富的有关产品细节的相关内容及评价，可以促使购买行为在较低的外部网络口碑效价水平下依然达到预期，改变外部网络口碑的影响。基于此，提出假设：

H3：弹幕数量在外部网络口碑效价与在线购买行为的"倒 U 形"关系中起调节作用。弹幕数量越多，曲线越平缓，拐点出现得越早。

H4：弹幕情感在外部网络口碑效价与在线购买行为的"倒 U 形"关系中起调节作用。弹幕情感越高，曲线越平缓，拐点出现得越早。

弹幕是当下视频时间点的瞬时评价，是对消费对象局部内容的评估，而"忠诚度环"消费行为是对多重信息整体评估后形成的（袁海霞等，2020）。弹幕数量越多，弹幕中包含的关于消费对象的局部评估的信息就越多，有助于消费者形成对消费内容的整体评估，从而促进"忠诚度环"消费行为的发生。具体来说，研究发现弹幕总体中有相当比例的弹幕发挥了社交互动的作用，它在视频文本构建的话语情境外，又创造了全新的话语场域，为用户自身形象的延伸与重塑提供了平台。弹幕作为一种新型的在线社交方式，其带来的人际互动可以满足用户产品消费过程中的情感需求、信息需求及社交需求（Lovett & Staelin，2016）。弹幕数量越多，消费者在线交流就越深入（Chen et al.，2017），在该产品中的卷入度也就越高，在个体消费体验形成的过程中，对外部网络口碑效价的依赖也就越弱。同时，产品选择背后是一群具有相似偏好的用户构成的群体。根据社会交往理论，在产品消费过程中弹幕带来的近场社会互动能使用户产生亲切感，并以产品为中心建立起情感联结（刘凤军等，2020），增强用户与产品、用户与用户间的关系纽带。弹幕数量越多，用户间互动越频繁，建立的联结也越紧密；弹幕情感越高，以产品为中心、以弹幕为纽带构建的虚拟在线交流社区用户的情感体验越好。根据归因的"折扣效应"，弹幕提供的丰富的在线社交信息和较高的情感体验，可能会改变前期个体基于单纯的外部网络口碑效价形成的消费后体验、推介与信任，促使"忠诚度环"消费行为在较低的外部网络口碑效价水平下依然达到预期，改变外部网络口碑的主导优势。基于此，提出假设：

H5：弹幕数量在外部网络口碑效价与"忠诚度环"消费行为的关系中起调节作用。弹幕数量越多，曲线越平缓，拐点出现得越早。

H6：弹幕情感在外部网络口碑效价与"忠诚度环"消费行为的关系中起调节作用，弹幕情感越高，曲线越平缓，拐点出现得越早。

本文理论框架见图1。

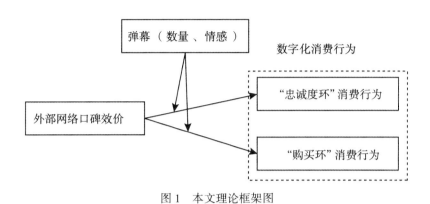

图 1　本文理论框架图

4. 数据描述

4.1　数据抓取

本文以网络视频消费为研究对象，对相关数据进行抓取。其中数据主要来源于弹幕视频网站Bilibili（www.bilibili.com）（简称 B 站）以及国内知名社区网站豆瓣（www.douban.com）。选择以上两个网站作为本文研究数据来源的原因如下：首先，B 站作为国内最早成立且最活跃的弹幕视频网站，其每分钟同时在线发送弹幕的用户达 1.2 万，用户们平均每天发送 212 万条弹幕①，2019 年该网站用户发送总弹幕超 14 亿次②，为弹幕的研究提供了丰富的信息。同时，随着弹幕的流行，电影与弹幕的联系也更加紧密，《小时代 3》《秦时明月》等电影甚至在影院开设了弹幕专场，以弹幕为特色的 B 站 2019 年单部电影播放量最高超过 2.2 亿次③。此外，更值得注意的是，目前已有众多学者以 B 站电影为数据来源对弹幕展开研究（Zhang et al.，2020；龚诗阳等，2017）。鉴于此，本文以 B 站为研究对象，于 2019 年 5 月 18 日利用 Python 爬虫语言抓取了截至该日上架的所有电影（共 1091部）的基本数据，数据信息包括视频 ID、视频名称、视频介绍、上映时间、弹幕数量、弹幕文本、观看量、点赞量、收藏量、分享量、硬币量等信息。其次，豆瓣为大众提供了一个第三方评论平台，用户可在网站上对视频进行评分，而后平台依据用户的星级评定信息实时计算出视频的平均评分。随着网站的发展，豆瓣拥有大量活跃用户，建立起了强大的关于影视作品的外部网络口碑资源库。本文从豆瓣网获取了该 1091 部电影的外部网络口碑信息。最后，删除网络原因造成的 B 站视频信息采集存在数据缺失、豆瓣网评分人数过少导致评分结果无法显示的电影数据，最终获得 837 个电影视频（基本信息如表 1 所示）的 6605141 条弹幕。

---

①　https：//www.iresearch.com.cn/Detail/report？id＝3309&isfree＝0

②　https：//www.bilibili.com/blackboard/activity-danmaku2019.html

③　https：//www.bilibili.com/blackboard/topic/activity-MartinScorsese.html

表 1   样 本 概 况

类型	动画	奇幻	喜剧	爱情	惊悚	剧情	青春	灾难	搞笑	家庭	动作
数量	32	37	208	147	88	231	13	5	2	18	88
类型	冒险	历史	战争	悬疑	恐怖	犯罪	传记	音乐	古装	武侠	纪录片
数量	43	17	28	52	18	87	31	14	8	6	13

4.2 数据处理

本文在对中国知网、清华大学和台湾大学情感词典整合的基础上，利用 R 软件采用基于情感词典的分析方法，分析每部影片的弹幕情感（袁海霞等，2020）。具体分析过程如下：首先将采集的 837 部电影的弹幕文件进行合并，每一行为一部电影的所有弹幕文本；其次，采用 Rwordseg 包对合并后的弹幕文件进行分词处理，并处理停用词；最后，利用整合后的情感词典，在关联情感词权重的基础上计算情感指数。经情感分析后，对变量的基本信息进行梳理，结果如表 2 所示。此外为了进一步压缩变量的量纲，本研究对影片的弹幕数量、弹幕情感、观看量、点赞量、收藏量、分享量、硬币量、评论量、介绍字数及上映时间进行了对数变换处理。

表 2   主要变量基本信息

变量	均值	标准差	最小值	最大值
第三方评分（S）	6.672	1.294	2.800	9.500
弹幕数量（Vol）	7891.450	43366.490	1.000	970319.000
弹幕情感（Sen）	2492.180	2709.815	1.000	11541.000
观看量（View）	304193.130	1019688.882	3677.000	18170809.000
点赞量（Like）	1787.990	5713.625	1.000	131478.000
收藏量（Collect）	5723.830	30545.960	9.000	663517.000
分享量（Share）	1051.710	6737.441	4.000	162157.000
硬币量（Coin）	2324.420	17084.332	3.000	386522.000
评论量（Review）	1251.080	7237.631	3.000	152314.000
上映时间（Year）	8.610	8.165	1.000	58.000
介绍字数（Intro）	184.210	57.324	12.000	257.000

4.3 变量的进一步说明

根据消费者决策进程模型（CDJ），购买行为发生后，消费者会与产品在新的触点形成互动，一种更深层次的联系由此开始。当用户对购买感到满意则通过点赞和收藏来表达对产品的认可（王晰巍等，2019；张红宇等，2014）。在互粉阶段，消费满意的用户通过口碑、自媒体等分享推介品牌并带来重购行为（Edelman，2010）。当企业与用户间的纽带足够牢固时，数字化消费行为会进入"购买—体验—互粉"的新循环。B站硬币作为一种虚拟货币的支付行为，用来表达观众对消费内容的认可与支持，是继观看行为后由信任带来的一种再消费行为（张聪等，2015）。基于此，本文对所采集变量的消费行为阶段进行划分，见表3。

表3　　　　　　　　　　　　　　　数字化消费行为阶段分析

消费者决策进程模型		数字化消费行为
购买环	考虑	—
	评估	—
	购买	观看量
忠诚度环	体验	点赞量、收藏量
	互粉	分享量
	信任	硬币量

5. 实证分析

5.1　样本划分

　　B站弹幕显示规则规定，当视频时长超过60分钟，弹幕的最大显示量为8000。当样本采集对象的弹幕总量超过8000时，受众看到的弹幕数量仅为8000。弹幕总量低于8000时，受众可以看到所有的弹幕信息。为了进一步控制可见弹幕数量和弹幕总量对研究结果的影响，本文按照最大弹幕显示量对样本进行划分，将其划分为弹幕总量小于等于8000（样本A）和弹幕总量大于8000（样本B）两个子样本，分别对全样本及两个子样本进行分析。

5.2　模型构建

　　本文构建多元回归模型来分析上文提出的研究问题。本文采用公式（1）对外部网络口碑（X）与数字化消费行为（Y）之间的关系进行分析，并采用公式（2）对弹幕（数量、情感）（Z）的调节效应进行研究。

$$Y = \beta_{00} + \beta_{01}X + \beta_{02}X^2 \tag{1}$$

$$Y = \beta_{10} + \beta_{11}X + \beta_{12}X^2 + \beta_{13}XZ + \beta_{14}X^2Z + \beta_{15}Z \tag{2}$$

对于"倒 U 形"的调节关系，β_{14} 的符号反映了曲线形状的变化情况（Haans et al., 2016）。若 β_{14} 显著为正，则"倒 U 形"曲线将变得平缓；反之，则变得陡峭。对"U 形"调节来说，若 β_{14} 显著为负，则曲线将变得平缓；反之，曲线将更为陡峭。对于曲线拐点位置的变化，令公式（2）一阶导数为零，得到拐点的 X^* 的方程公式（3）。

$$X^* = \frac{-\beta_{11} - \beta_{13}Z}{2\beta_{12} + 2\beta_{14}Z} \tag{3}$$

最后，对 X^* 求 Z 的导数（公式（4）），若 $\frac{\partial X^*}{\partial Z}$ 为负表明随着弹幕数量的增加（或弹幕情感的提高），曲线的拐点将向左移动；反之，拐点将向右移动。

$$\frac{\partial X^*}{\partial Z} = \frac{\beta_{11}\beta_{14} - \beta_{12}\beta_{13}}{2\left(\beta_{12} + \beta_{14}Z\right)^2} \tag{4}$$

5.3 实证结果

以往研究显示评论数量（Lee et al., 2011）、上映时间（Zhou & Duan, 2015）影响产品销量等数字化消费行为。影片介绍是信息发布方对相关影片的描述，描述的字数长度在一定程度上反映了对商品信息表述的详尽程度（Mudambi & Schuff, 2010），该表述能够在一定程度上减少决策风险。同时根据消费者决策进程模型中各消费行为阶段的关系，本研究在探讨各阶段消费者行为时，在对评论数量、上映时间、介绍字数进行控制的同时，也考虑了其它不同阶段消费行为的影响。

5.3.1 外部网络口碑效价、弹幕与"购买环"消费行为

对于"购买环"消费行为，多元回归分析结果如表 4 所示。由模型 1 可知，外部网络口碑效价与购买行为呈"倒 U 形"关系（$\beta = -0.016^*$）。同时，本文特构建三次项系数进行进一步分析，结果显示三次项拟合结果不显著（$\beta = 0.006$，$p = 0.189$），假设 H1 成立。根据模型 2 与模型 3 的分析结果，弹幕数量（$\beta = 0.017^{***}$）和弹幕情感（$\beta = 0.018^{***}$）调节了外部网络口碑效价与购买行为的关系。如图 2（a）和图 3（a）所示，弹幕数量越大，情感得分越高，外部网络口碑效价与购买行为之间的"倒 U 形"曲线越平缓。

表 4　　　　　　　　　　　　　　　观看量回归分析结果

变量	全样本			样本 A			样本 B		
	模型 1	模型 2	模型 3	模型 4	模型 5	模型 6	模型 7	模型 8	模型 9
Cons	8.542***	4.523***	4.333***	8.403***	2.485	3.216**	7.637***	8.396***	15.042***
S	−0.054	1.444***	1.468***	0.043	1.964***	1.806***	0.247	0.263	0.354
S^2	−0.016*	−0.144***	−0.144***	−0.025**	−0.172***	−0.162***	−0.034**	−0.076***	−0.078
Vol		0.677***			1.070***			0.106	
Sen			0.656***			0.977***			−0.877

续表

变量	全样本			样本 A			样本 B		
	模型 1	模型 2	模型 3	模型 4	模型 5	模型 6	模型 7	模型 8	模型 9
$S \cdot Vol$		-0.189^{***}			-0.283^{***}			—	
$S \cdot Sen$			-0.208^{***}			-0.267^{***}			—
$S^2 \cdot Vol$		0.017^{***}			0.022^{***}				
$S^2 \cdot Sen$			0.018^{***}			0.021^{***}		0.005^{**}	0.005
Like	-0.085^{***}	-0.062^{***}	-0.080^{***}	-0.058^{***}	-0.036^{**}	-0.038^{**}	-0.109^{**}	-0.039	-0.103^{**}
Collect	0.005	-0.008	0.000	0.013	-0.006	-0.004	-0.013	-0.051^{***}	-0.007
Share	0.347^{***}	0.275^{***}	0.320^{***}	0.401^{***}	0.308^{***}	0.328^{***}	0.132^{*}	0.163^{***}	0.096
Coin	0.311^{***}	0.251^{***}	0.296^{***}	0.214^{***}	0.155^{***}	0.162^{***}	0.482^{***}	0.368^{***}	0.412^{***}
Review	0.207^{***}	0.109^{**}	0.172^{***}	0.178^{***}	0.063	-0.076^{*}	0.227^{***}	0.026	0.295^{***}
Year	0.076^{**}	0.036	0.055^{*}	0.073^{**}	0.057^{*}	0.060^{*}	0.183^{***}	0.107^{*}	0.154^{**}
Intro	-0.035	-0.056	-0.055	-0.027	-0.049	-0.055	-0.025	-0.001	-0.035
R^2	0.863	0.873	0.867	0.740	0.763	0.761	0.847	0.870	0.859
Adj-R^2	0.861	0.872	0.865	0.736	0.759	0.756	0.836	0.858	0.846
F 值	577.332^{***}	473.891^{***}	447.713^{***}	218.661^{***}	185.333^{***}	182.690^{***}	76.219^{***}	74.192^{***}	67.639^{***}

注：$***$、$**$、$*$ 分别表示 0.001、0.01、0.05 的显著水平；S^2 表示第三方评分的二次方项（下同）。

本文利用公式（4）对拐点进一步分析发现（如表 5 所示），在弹幕数量和弹幕情感的调节作用下，对于全样本和弹幕总量小于等于 8000 的子样本来说，外部网络口碑效价与"购买环"行为的"倒 U 形"曲线左移（图 2 和图 3），但对于弹幕总量大于 8000 的子样本来说，曲线拐点移动效果不显著。假设 H3 与 H4 成立。

进一步对子样本进行分析发现（见表 5），上述假设依然成立。对于观看行为来说，弹幕数量和弹幕情感对外部网络口碑效价与观看行为关系的调节作用更强。

表 5　　　　　弹幕数量和弹幕情感对"倒 U 形"曲线拐点的影响

变量	弹幕数量的调节效果			弹幕情感的调节效果		
	全样本	样本 A	样本 B	全样本	样本 A	样本 B
View	-0.003^{***}	-0.005^{***}	0.004	-0.004^{***}	-0.005^{***}	-0.006
Like	-0.001	-0.000	0.008	-0.001	-0.000	0.010
Collect	-0.002	-0.002	0.013	-0.004^{*}	-0.002	0.025
Share	-0.002^{***}	-0.003^{***}	-0.001	-0.002^{***}	-0.003^{***}	0.004
Coin	0.003^{***}	0.003^{***}	0.005	0.003^{***}	0.003^{***}	0.028

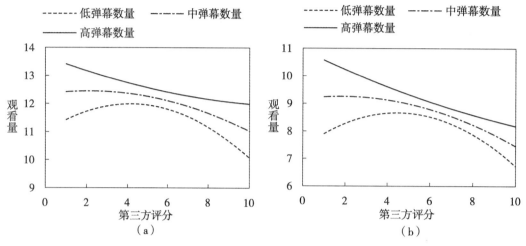

图 2 弹幕数量在观看量（全样本（a）和子样本 A（b））中的调节效果

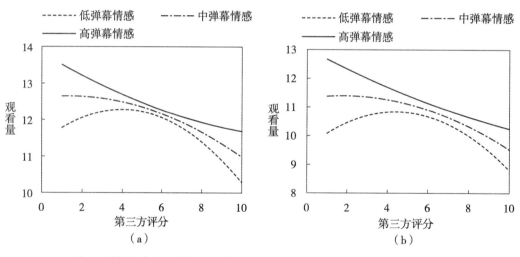

图 3 弹幕情感在观看量（全样本（a）和子样本 A（b））中的调节效果

5.3.2 外部网络口碑效价、弹幕与 "忠诚度环" 消费行为

对于点赞行为，多元回归分析结果如表 6 所示。由模型 10 可知，第三方网络口碑效价与点赞行为呈 "倒 U 形" 关系（$\beta=-0.034^*$）。进一步构建三次曲线拟合分析发现结果不显著（$\beta=-0.0004$，$p=0.261$）。同时根据模型 11 和模型 12 的分析结果，弹幕数量和弹幕情感对外部网络口碑效价与点赞行为关系的调节效应不显著。进一步对子样本进行分析发现，主效应与调节效应均不显著。弹幕数量与弹幕情感都不会改变外部网络口碑效价对点赞行为的影响。

表6 点赞量回归分析结果

变量	全样本			样本A			样本B		
	模型10	模型11	模型12	模型13	模型14	模型15	模型16	模型17	模型18
Cons	1.714	3.288	2.484	1.103	0.397	0.950	1.896	5.186*	-1.118
S	0.465**	-0.775	-0.224	0.270	-0.301	-0.479	0.362	0.422	0.247
S^2	-0.034*	0.093	0.049	-0.016	0.062	0.075	-0.035	-0.087*	0.052
Vol		-0.444			-0.249			-0.932	
Sen			-0.039			-0.268			0.395
$S \cdot$ Vol		0.139			0.065			—	
$S \cdot$ Sen			0.069			0.086			—
$S^2 \cdot$ Vol		-0.015			-0.011			0.004	
$S^2 \cdot$ Sen			-0.010			-0.012			-0.009
View	-0.469***	-0.359***	-0.451***	-0.318***	-0.207**	-0.221**	-0.367**	-0.134	-0.376**
Collect	-0.067**	-0.055	-0.074**	-0.118***	-0.110***	-0.114***	0.046	0.104***	0.048
Share	-0.838***	-0.755***	-0.827***	-0.927***	-0.730***	-0.758***	-0.310**	-0.307**	-0.316**
Coin	0.788***	0.828***	0.813***	0.889***	0.927***	0.917***	0.830***	0.874***	0.830***
Review	1.324***	1.373***	1.293***	1.396***	1.468***	1.457***	0.448***	0.727***	0.454***
Year	0.0445	0.92	0.055	-0.125	-0.077	-0.081	0.292**	0.378***	0.284**
Intro	0.274**	0.284**	0.260***	0.213**	0.227**	0.234**	0.263	0.188	0.263
R^2	0.718	0.725	0.721	0.701	0.713	0.711	0.692	0.732	0.693
Adj-R^2	0.715	0.721	0.716	0.698	0.708	0.706	0.670	0.708	0.666
F 值	234.152***	181.247***	177.030***	180.867***	142.880***	141.793***	31.023***	30.295***	25.063***

对于收藏行为，多元回归分析结果如表7所示。由模型19可知，第三方网络口碑效价与收藏行为呈"倒U形"关系（$\beta = -0.079^{***}$），进一步构建三次项系数进行验证，分析发现结果不显著（$\beta = 0.005$，$p = 0.719$）。同时根据模型20和模型21的分析结果，弹幕数量（$\beta = 0.018$）和弹幕情感（$\beta = 0.020$）对外部网络口碑效价与收藏行为的关系的调节效应不显著。进一步对子样本进行分析发现，对于弹幕总量小于等于8000的子样本来说，弹幕数量和弹幕情感的调节效应显著（见图4）；而对于弹幕总量高于8000的子样本，调节效应不显著。由此可见，对于收藏行为来说，仅可见弹幕的数量和情感能够改变外部网络口碑效价对个人收藏行为的影响。

表7   收藏量回归分析结果

变量	全样本			样本 A			样本 B		
	模型 19	模型 20	模型 21	模型 22	模型 23	模型 24	模型 25	模型 26	模型 27
Cons	0.344	−5.314	−7.125 **	0.472	−9.662 **	−8.866 **	5.553	5.977	3.144
S	1.108 ***	2.816 **	2.940 ***	0.805 ***	3.849 ***	3.648 ***	1.455	1.129	1.606
S^2	−0.079 ***	−0.195 **	−0.198 **	−0.059 **	−0.256 **	−0.245 **	−0.128 *	−0.190	−0.329
Vol		1.245 **			1.911 ***			1.856 **	
Sen			1.290 ***			1.839 ***			0.051
$S \cdot$ Vol		−0.266 *			−0.472 **			—	
$S \cdot$ Sen			−0.311 **			−0.466 ***			—
$S^2 \cdot$ Vol		0.018			0.031 **			0.011	
$S^2 \cdot$ Sen			0.020			0.031 **			0.020
View	0.037	−0.064	0.011	0.080	−0.041	−0.026	−0.333	−1.115 ***	−0.180
Like	−0.092 **	−0.076	−0.090 **	−0.132 ***	−0.123 ***	−0.126 ***	0.343	0.665 ***	0.351
Share	1.514 ***	1.368 ***	1.452 ***	1.425 ***	1.372 ***	1.406 ***	1.644 ***	1.484 ***	1.679 ***
Coin	−0.625 ***	−0.598 ***	−0.552 ***	−0.580 ***	−0.575 ***	−0.575 ***	−0.601	−0.843 *	−0.554
Review	−0.024	−0.197 *	−0.115	0.037	−0.087	−0.071	−0.321	−1.406 ***	−0.465
Year	−0.398 ***	−0.438 ***	−0.050 ***	−0.589 ***	−0.458 ***	−0.451 ***	−0.093	−0.448	−0.051
Intro	−0.016	−0.080	−0.084	0.017	−0.024	−0.031	−0.703	−0.388	−0.680
R^2	0.548	0.532	0.559	0.473	0.493	0.494	0.265	0.448	0.275
Adj-R^2	0.543	0.526	0.553	0.466	0.485	−0.485	0.212	0.399	0.209
F 值	111.350 ***	78.205 ***	87.099 ***	69.158 ***	56.014 ***	56.029 ***	4.965 ***	9.012 ***	4.197 ***

对于分享行为，多元回归分析结果如表8所示。由模型28可知，第三方网络口碑效价与分享行为呈"U形"关系（$\beta = 0.043^{***}$），且第三方评分的三次项系数影响结果不显著（$\beta = -0.004$，$p = 0.336$）。同时根据模型29与模型30的分析结果，弹幕数量（$\beta = -0.013^{***}$）和弹幕情感（$\beta = -0.014^{***}$）对外部网络口碑效价与分享行为的关系的调节效应显著。如图5（a）与图6（a）所示，弹幕数量越大，情感倾向越高，曲线越平缓。对拐点进一步分析发现，弹幕数量和弹幕情感调节下的拐点仅在全样本和弹幕总量小于等于8000的子样本中左移（见图5和图6）。进一步对子样本进行分析发现，对于弹幕总量小于等于8000的子样本来说，弹幕数量和弹幕情感的调节效应显著；而对于弹幕总量高于8000的子样本，调节效应不显著。由此可见，对于分享行为来说，仅可见弹幕的数量及其情感能够改变外部网络口碑效价对分享行为的影响。

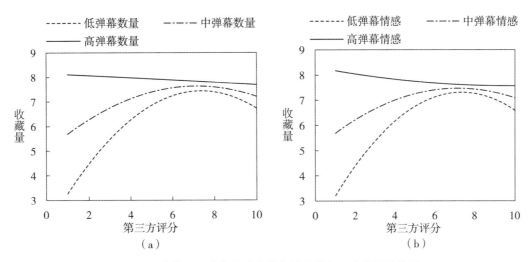

图4 弹幕数量和弹幕情感在收藏量子样本A中的调节效果

表8 分享量回归分析结果

变量	全样本			样本 A			样本 B		
	模型 28	模型 29	模型 30	模型 31	模型 32	模型 33	模型 34	模型 35	模型 36
Cons	−0.604	3.540***	3.701***	−0.565	4.196***	4.184***	1.846	−0.464	3.500
S	−0.430***	−1.697***	−1.723***	−0.514***	−1.808***	−1.794***	−0.424**	−0.474**	−0.431
S^2	0.043***	0.147***	0.144***	0.051***	0.146***	0.144***	0.039**	0.087**	0.070
Vol		−0.370***			−0.526***			0.100	
Sen			−0.493***			−0.587***			−0.144
$S \cdot$ Vol		0.168***			0.199***			—	
$S \cdot$ Sen			0.187***			0.208***			—
$S^2 \cdot$ Vol		−0.013***			−0.015***			−0.005	
$S^2 \cdot$ Sen			−0.014***			−0.015***			−0.003
View	0.234***	0.184***	0.205***	0.245***	0.188***	0.199***	0.196*	0.275**	0.152
Like	−0.103***	−0.087***	−0.094***	−0.103***	−0.076***	−0.079***	−0.137**	−0.151**	−0.138**
Collect	0.136***	0.116***	0.122***	0.142***	0.129***	0.132***	0.098***	0.114***	0.100
Coin	0.475***	0.445***	0.463***	0.481***	0.419***	0.429***	0.584***	0.568***	0.563
Review	0.233***	0.147***	0.175***	0.237***	0.147***	0.162***	0.053	0.120	0.094
Year	0.027**	−0.062**	0.065**	−0.013	−0.039	−0.039	−0.160**	−0.140*	−0.167**
Intro	−0.022	−0.037	−0.042	−0.036	−0.044	−0.046	−0.096	−0.101	−0.099

续表

变量	全样本			样本 A			样本 B		
	模型 28	模型 29	模型 30	模型 31	模型 32	模型 33	模型 34	模型 35	模型 36
R^2	0.940	0.945	0.945	0.899	0.909	0.908	0.865	0.870	0.867
Adj-R^2	0.939	0.944	0.944	0.898	0.907	0.907	0.855	0.858	0.855
F 值	1436.683***	1173.706***	1169.359***	684.698***	571.573***	568.312***	88.440***	74.041***	72.449***

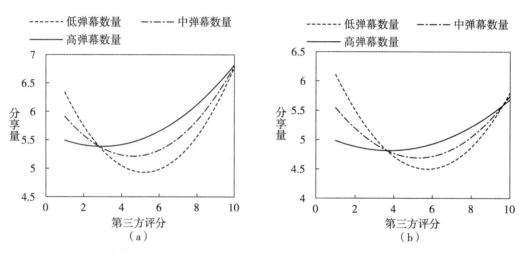

图 5 弹幕数量在分享量（全样本（a）和子样本 A（b））中的调节效果

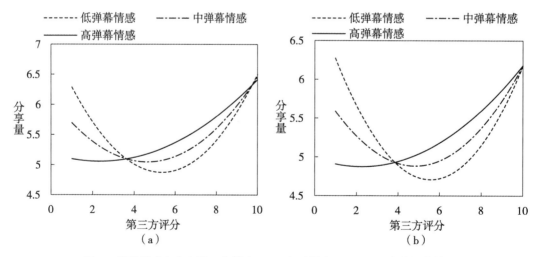

图 6 弹幕情感在分享量（全样本（a）和子样本 A（b））中的调节效果

对于硬币行为，多元回归分析结果如表 9 所示。由模型 37 可知，第三方网络口碑效价与投币呈"倒 U 形"关系（$\beta=-0.014^*$），且三次项影响效果不显著（$\beta=0.004$，$p=0.435$）。同时根据模型 38 与模型 39 的分析结果，弹幕数量（$\beta=0.012^{***}$）和弹幕情感（$\beta=0.012^{***}$）对外部网络口碑效价与硬币行为的关系的调节效应显著。如图 7（a）和图 8（a）所示，弹幕数量越大，情感倾向越高，曲线越平缓。对拐点进一步分析发现，弹幕数量和弹幕情感调节下的拐点仅在全样本和弹幕总量小于等于 8000 的子样本中右移（见图 7 和图 8）。进一步对子样本进行分析发现，对于弹幕总量小于等于 8000 的子样本来说，弹幕数量和弹幕情感的调节效应显著；而对于弹幕总量高于 8000 的子样本，调节效应不显著。由此可见，对于硬币行为来说，仅可见弹幕能够改变外部网络口碑效价对硬币行为的影响。

表9　　　　　　　　　　　　　　　　　　　　硬币量回归分析结果

变量	全样本			样本 A			样本 B		
	模型 37	模型 38	模型 39	模型 40	模型 41	模型 42	模型 43	模型 44	模型 45
Cons	−3.756***	−5.763***	−5.983***	−3.074	−6.246***	−6.048***	−5.661***	−7.365***	−0.107
S	0.362***	1.378***	1.328***	0.423***	1.786***	1.675***	0.281*	0.207	0.408**
S^2	−0.014*	−0.112***	−0.106***	−0.021**	−0.145***	−0.133***	−0.001	0.035	−0.081
Vol		0.289**			0.555***			0.363**	
Sen			0.247			0.525***			−0.644
$S \cdot$ Vol		−0.121***			−0.194***			—	
$S \cdot$ Sen			−0.122**			−0.182***			—
$S^2 \cdot$ Vol		0.012***			0.018***			−0.003	
$S^2 \cdot$ Sen			0.012***			0.016***			0.008
View	0.238***	0.202***	0.228***	0.159***	0.123***	0.128***	0.390***	0.332***	0.357***
Like	0.110***	0.115***	0.111***	0.120***	0.126***	0.125***	0.200***	0.229***	0.197***
Collect	−0.064***	−0.061***	−0.057***	−0.070***	−0.070***	−0.071***	−0.019	−0.035*	−0.018
Share	0.539***	0.533***	0.556***	−0.583***	0.545***	0.559***	0.318***	0.304***	0.307***
Review	0.308***	0.297***	0.326***	0.253***	0.224***	0.228***	0.375***	0.259***	0.401***
Year	−0.023	−0.026	−0.010	0.023	0.019	0.020	−0.114**	−0.147***	−0.114**
Intro	−0.024	−0.020	−0.008	−0.005	−0.009	−0.010	0.007	0.018	0.001
R^2	0.947	0.948	0.948	0.901	0.904	0.903	0.952	0.954	0.952
Adj-R^2	0.946	0.948	0.947	0.900	0.902	0.902	0.948	0.950	0.948
F 值	1628.560***	1262.878***	1255.591***	700.488***	541.466***	537.620***	271.508***	231.144***	221.984***

综上，外部网络口碑效价与"忠诚度环"体验和信任行为呈"倒 U 形"关系，而与互粉行为呈"U 形"关系，假设 H2 成立。弹幕数量和弹幕情感调节了外部网络口碑效价与体验（收藏）、互粉（分享）和信任（硬币）行为的关系，调节效应仅在可见弹幕的条件下存在，假设 H5 与假设 H6 部分成立。

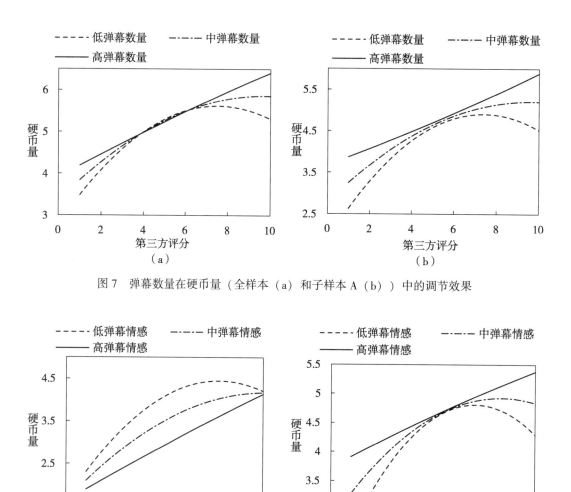

图 7　弹幕数量在硬币量（全样本（a）和子样本 A（b））中的调节效果

图 8　弹幕情感在硬币量（全样本（a）和子样本 A（b））中的调节效果

6. 讨论

6.1　结论与发现

本文基于消费者决策进程模型从在线社交入手，研究了弹幕、外部网络口碑与数字化消费行为的关系。主要结论如下：

外部网络口碑效价与购买行为、"忠诚度环"体验（点赞、收藏）、信任（硬币）行为呈"倒 U 形"关系，而与"忠诚度环"互粉（分享）行为呈"U 形"关系。

弹幕数量调节了外部网络口碑效价对数字化消费行为过程的影响。具体来说，弹幕数量越大，外部网络口碑效价与购买、体验、分享、硬币行为之间的曲线关系越平缓，且该调节效应仅在弹幕可见的条件下发生。

弹幕情感也调节了外部网络口碑效价对数字化消费行为过程的影响。具体来说，弹幕情感得分越高，外部网络口碑效价与购买、体验、分享、硬币行为之间的曲线关系越平缓，且该调节效应也是由可见弹幕带来的。

在可见弹幕的作用下，外部网络口碑效价与数字化消费行为曲线拐点的出现发生了变化。具体来讲，外部网络口碑效价驱动下的观看、体验、分享行为曲线拐点左移，而硬币行为曲线拐点右移。

6.2　理论贡献与实践意义

本研究结论为数字化产品口碑营销管理提供了重要启示：

首先，丰富了数字化产品口碑营销的相关研究成果。以往研究多从宏观分析了数字化产品的特征、营销策略等，但不同的数字化产品由于其产品属性不同，其营销沟通策略也可能存在较大差异。现有研究缺乏对不同类型的数字化产品营销沟通问题的深入探讨。在线视频是数字化产品的一个重要类型，截至 2022 年 6 月，我国网络视频用户规模达 9.95 亿，占网民整体的 94.67%[1]，在线视频消费在网民日常生活中扮演着越来越重要的角色。因此本文以在线视频为研究对象，以最新形式的口碑——弹幕为研究切入点，深入探讨了外部网络口碑与数字化产品的复杂关系，深化了现有文献对数字化产品营销沟通的研究。

其次，丰富了数字化消费行为的研究成果。本文从"购买环"和"忠诚度环"两个阶段，深度剖析弹幕、外部网络口碑效价与数字化消费行为的关系，揭示了外部网络口碑效价与消费行为间的非线性关系。

再次，深化了外部网络口碑的影响机制研究。本研究结合企业实践的新发展，将弹幕这一新形式的网络口碑纳入考虑，探究了外部网络口碑效价对数字化消费行为过程影响的边界条件。

最后，为内部网络口碑研究提供了新的切入点。以往对内部网络口碑的研究大多从淘宝、京东等电商平台获取口碑信息，但此类口碑均是消费后对评价主体的整体评价，缺乏对消费过程的实时反馈，而弹幕作为一种特殊的内部网络口碑，是对当下消费内容的瞬时评价，能体现消费者在不同时间节点的主观感受，提供更为丰富的微时刻口碑信息，弥补现有文献关于内部网络口碑研究的不足。

此外，本研究在实践管理上也具有一定的启示意义：

对数字化产品管理者来说，以往研究认为外部网络口碑效价越高，越有利于推动数字化消费行为的出现，而本研究发现外部网络口碑效价与数字化消费行为间呈现出更为复杂的非线性关系。因此，企业一味追求更为积极的外部网络口碑效价未必能达到理想的营销效果，适当地多样化外部网络口碑很有必要。

---

[1]　http://www.cnnic.net.cn/NMediaFile/2022/0916/MAIN1663313008837KWI782STQL.pdf

以在线社交为主要表现形式的弹幕口碑可以调节外部网络口碑对数字化消费行为的影响，且在不同消费行为阶段影响效果有所差异。对于管理者来说，一方面强化弹幕信息管理可以推进外部网络口碑的影响效果，改变外部网络口碑效价对数字化消费行为影响的主导优势；另一方面管理者需要根据平台阶段化发展目标，对弹幕信息进行动态化干预，推动"忠诚度环"消费行为的出现与稳固。同时，需要注意的是，弹幕信息属性不同，对外部网络口碑效价与数字化消费行为关系的影响效果也存在显著差异。管理者在进行信息管理时需注意区分信息数量与信息情感的作用差异，实行差别化管理。

仅可见的弹幕信息对数字化消费行为有影响。弹幕信息总量带来的影响有限，在资源有限的条件下，强化可见弹幕信息的管理能够有效推动数字化消费行为的演变。此外，平台管理者需平衡可见弹幕数量增多带来的积极效果和其可能带来的信息污染与认知过载等负面影响，以真实数据为依托，设置更为合理的弹幕池上限规则。

6.3 不足与展望

尽管本文在一定程度上推动了数字化产品口碑营销的研究进程，但仍不可避免地存在一些不足：（1）在分析外部网络口碑对数字化消费行为的影响时缺乏对电影时长、类型、演员阵容等因素的控制，且忽略了各评分星级占比情况所代表的口碑离散度的影响，在未来的研究中有必要对该信息进行控制，进一步提高研究结论的严谨性。（2）对弹幕的情感分析过程中，未结合弹幕语言特征将网络用语、表情符号等表达的情感纳入考虑，在未来的研究中有必要对弹幕信息内容进行进一步的深入解析，探究弹幕对数字化消费行为的影响。（3）在收集外部网络口碑信息时仅选用了豆瓣电影的影片评分代表外部网络口碑效价，缺乏对其他电影评分网站（如时光网）的外部网络口碑信息的控制。在未来研究中有必要进一步分析外部网络口碑跨平台分布情况等对研究结果的干扰。

◎ **参考文献**

[1] 傅锋，陈爽英，王俊. 基于 APP 可见性调节效应的在线评论与迭代创新研究 [J]. 管理学报，2021，18（10）.

[2] 龚诗阳，李倩，余承铢. 在线社交对消费者需求的影响研究——基于网络视频产业的实证分析 [J]. 中国软科学，2017（6）.

[3] 龚诗阳，刘霞，刘洋，等. 网络口碑决定产品命运吗——对线上图书评论的实证分 [J]. 南开管理评论，2012，15（4）.

[4] 李琪，任小静. 消费者对不同平台类型正面在线评论感知有用性的差异研究 [J]. 经济问题探索，2015（10）.

[5] 刘凤军，孟陆，陈斯允，等. 网红直播对消费者购买意愿的影响及其机制研究 [J]. 管理学报，2020，17（1）.

[6] 卢泰宏. 消费者行为学 50 年：演化与颠覆 [J]. 外国经济与管理，2017，39（6）.

［7］ 聂卉，司倩楠．在线口碑传播效应影响因素研究——以餐饮业为例［J］．图书馆论坛，2019，39（3）．

［8］ 丘萍，张鹏．第三方网络口碑对短生命周期产品销量的影响研究［J］．河海大学学报（哲学社会科学版），2017，19（2）．

［9］ 石文华，钟碧园，张绮．在线影评和在线短评对票房收入影响的比较研究［J］．中国管理科学，2017，25（10）．

［10］ 王建军，王玲玉，王蒙蒙．网络口碑、感知价值与消费者购买意愿：中介与调节作用检验［J］．管理工程学报，2019，33（4）．

［11］ 王蕊，刘瑞一，矫立斌，等．走向大众化的弹幕：媒介功能及其实现方式［J］．新闻记者，2019（5）．

［12］ 王晰巍，王铎，郑晴晓，等．在线品牌社群环境下企业与用户的信息互动研究——以虚拟现实产业为例［J］．数据分析与知识发现，2019，3（3）．

［13］ 王霞，梁栋．弹幕数量和弹幕情感强度对视频流行度的影响［J］．营销科学学报，2019，15（2）．

［14］ 闫强，麻璐瑶，吴双．电子口碑发布平台差异对消费者感知有用性的影响［J］．管理科学，2019，32（3）．

［15］ 袁海霞，方青青，白琳．弹幕对在线消费行为过程影响的时变效应研究［J］．管理学报，2020，17（7）．

［16］ 袁海霞．内外部网络口碑与在线销售的动态交互过程——基于分层贝叶斯模型的解析［J］．北京理工大学学报（社会科学版），2018，20（2）．

［17］ 张聪，吴思岐，常帅，等．应用于自出版平台的"打赏"模式研究［J］．科技与出版，2015（6）．

［18］ 张红宇，周庭锐，严欢，等．网络口碑对消费者在线行为的影响研究［J］．管理世界，2014（3）．

［19］ 张帅，王文韬，周华任，等．基于扎根理论的弹幕视频网站用户使用行为驱动因素研究［J］．情报理论与实践，2018，41（7）．

［20］ Chang, W. L. , Chen, Y. P. Way too sentimental? A credible model for online reviews［J］. Information Systems Frontiers , 2019, 21（2）.

［21］ Chen, Y. , Gao, Q. , Rau, P. L. P. Watching a movie alone yet together: Understanding reasons for watching danmaku videos［J］. International Journal of Human-Computer Interaction, 2017, 33（9）.

［22］ Cheung, C. M. K. , Lee, M. K. O. What drives consumers to spread electronic word of mouth in online consumer-opinion platforms［J］. Decision Support Systems, 2012, 53（1）.

［23］ Chintagunta, P. K. , Gopinath, S. , Venkataraman, S. The effects of online user reviews on movie box office performance: Accounting for sequential rollout and aggregation across local markets［J］. Marketing Science, 2010, 29（5）.

［24］ Clemons, E. K. , Gao, G. G. , Hitt, L. M. When online reviews meet hyperdifferentiation: A study of the craft beer industry ［J］. Journal of Management Information Systems, 2006, 23 (2).

［25］ Court, D. , Elzinga, D. , Mulder, S. , et al. The consumer decision journey ［J］. McKinsey Quarterly, 2009, 3 (3).

［26］ Devaraj, S. , Easley, R. F. , Crant, J. M. Research note—How does personality matter? Relating the five-factor model to technology acceptance and use ［J］. Information Systems Research, 2008, 19 (1).

［27］ Duan, W. , Gu, B. , Whinston, A. B. The dynamics of online word-of-mouth and product sales—An empirical investigation of the movie industry ［J］. Journal of Retailing, 2008, 84 (2).

［28］ Edelman, D. C. Branding in the digital age：You're spending your money in all the wrong places ［J］. Harvard Business Review, 2010, 88 (12).

［29］ Fang, J. , Chen, L. , Wen, C. , et al. Co-viewing experience in video websites：The effect of social presence on e-loyalty ［J］. International Journal of Electronic Commerce, 2018, 22 (3).

［30］ Gu, B. , Park, J. , Konana, P. The impact of external word-of-mouth sources on retailer sales of high-involvement products ［J］. Information Systems Research, 2012, 23 (1).

［31］ Haans, R. F. J. , Pieters, C. , He, Z. L. Thinking about U：Theorizing and testing U- and inverted U-shaped relationships in strategy research ［J］. Strategic Management Journal, 2016, 37 (7).

［32］ Hennig-Thurau, T. , Gwinner, K. P. , Walsh, G. , et al. Electronic word-of-mouth via consumer-opinion platforms：What motivates consumers to articulate themselves on the Internet? ［J］. Journal of Interactive Marketing, 2004, 18 (1).

［33］ Hui, S. K. , Meyvis, T. , Assael, H. Analyzing moment-to-moment data using aBayesian functional linear model：Application to TV show pilot testing ［J］. Marketing Science, 2014, 33 (2).

［34］ Jeong, H. J. , Koo, D. M. Combined effects of valence and attributes of e-WOM on consumer judgment for message and product：The moderating effect of brand community type ［J］. Internet Research, 2015, 25 (1).

［35］ Kalyanam, K. , McIntyre, S. The e-marketing mix：A contribution of the e-tailing wars ［J］. Journal of the Academy of Marketing Science, 2002, 30 (4).

［36］ Lee, J. , Park, D. , Han, I. The different effects of online consumer reviews on consumers' purchase intentions depending on trust in online shopping malls：An advertising perspective ［J］. Internet Research, 2011, 21 (2).

［37］ Li, Y. , Guo, Y. Virtual gifting and danmaku：What motivates people to interact in game live streaming? ［J］. Telematics and Informatics, 2021, 62.

［38］ Lin, X. , Huang, M. , Cordie, L. An exploratory study：Using danmaku in online video-based lectures ［J］. Educational Media International, 2018, 55 (3).

［39］ Lin, Y. , Yao, D. , Chen, X. Happiness begets money：Emotion and engagement in live streaming ［J］. Journal of Marketing Research, 2021, 58 (3).

［40］ Liu, L. , Suh, A. , Wagner, C. Watching online videos interactively：The impact of media capabilities in Chinese danmaku video sites ［J］. Chinese Journal of Communication, 2016, 9 (3).

［41］　Liu, Y. Word of mouth for movies: Its dynamics and impact on box office revenue ［J］. Journal of Marketing, 2006, 70 （3）.

［42］　Lovett, M. J., Staelin, R. The role of paid, earned, and owned media in building entertainment brands: Reminding, informing, and enhancing enjoyment ［J］. Marketing Science, 2016, 35 （1）.

［43］　Lu, S., Yao, D., Chen, X., et al. Do larger audiences generate greater revenues under pay what you want? Evidence from a live streaming platform ［J］. Marketing Science, 2021, 40 （5）.

［44］　Malhotra, N., Helmer, E. Inflation in weekend box office estimates ［J］. Applied Economics Letters, 2012, 19 （14）.

［45］　Mudambi, S. M., Schuff, D. What makes a helpful online review? A study of customer reviews on amazon. com ［J］. MIS Quarterly, 2010, 34 （1）.

［46］　Oliver, R. L. A cognitive model of the antecedents and consequences of satisfaction decisions ［J］. Journal of Marketing Research, 1980, 17 （4）.

［47］　Senecal, S., Nantel, J. The influence of online product recommendations on consumers' online choices ［J］. Journal of Retailing, 2004, 80 （2）.

［48］　Taylor, S. E., Thompson, S. C. Stalking the elusive "vividness" effect ［J］. Psychological Review, 1982, 89 （2）.

［49］　Ye, Q., Law, R., Gu, B. The impact of online user reviews on hotel room sales ［J］. International Journal of Hospitality Management, 2009, 28 （1）.

［50］　Zhang, Q., Wang, W., Chen, Y. Frontiers: In-consumption social listening with moment-to-moment unstructured data: The case of movie appreciation and live comments ［J］. Marketing Science, 2020, 39 （2）.

［51］　Zhou, J., Zhou, J., Ding, Y., et al. The magic of danmaku: A social interaction perspective of gift sending on live streaming platforms ［J］. Electronic Commerce Research and Applications, 2019, 34.

［52］　Zhou, W., Duan, W. An empirical study of how third-party websites influence the feedback mechanism between onlineword-of-mouth and retail sales ［J］. Decision Support Systems, 2015, 76.

Marketing Communication of Digital Products: Relationship among Danmaku,
External Online Word-of-Mouth Valence and Consumption Behavior

Yuan Haixia[1]　Zhang Yilin[2]　Xu Haiqin[3]　Fang Qingqing[4]

(1, 2, 3, 4　School of Business, Anhui University, Hefei, 230601)

Abstract: Compared to the existing research that analyzes the linear relationship between external online word-of-mouth and some online consumer behaviors (e. g., sales, purchase behavior), based on the consumer decision journey theory, this paper took films on the Bilibili platform as the research object, used crawler-collecting data from Bilibili. com and douban. com, and studied on the relationship between external online word-of-mouth valence and the process of digital consumption behavior. Furthermore, taking the danmaku as the breakthrough point, this paper studied the boundary conditions of these relationships. The results are as follows: Firstly, for the "purchase loop" behavior, external online word-of-mouth valence has an "inverted U-shaped" influence. For the "loyalty loop" consumption behavior, a U-shaped relationship exists among external online word-of-mouth, enjoy, and bond, but the effect of external online word-of-mouth on advocation is an inverted U-shaped. Secondly, under the condition that the number of danmaku under the display quantity limitation of the website, danmaku volume, and danmaku valence moderate the curve relationship between external word-of-mouth valence and digital consumer behavior. But these moderate effects are not significant for the danmaku volume exceeding the limitation. This paper enriches the current research results of external word-of-mouth, provides a new idea for danmaku research, and also offers insights into word-of-mouth marketing management about digital products.

Key words: Digital product; External online word-of-mouth valence; Danmaku; Digital consumption behavior

专业主编: 寿志钢

投 稿 指 南

《珞珈管理评论》是由武汉大学主管、武汉大学经济与管理学院主办的管理类集刊，创办于2007年，由武汉大学出版社出版。2017年始入选《中文社会科学引文索引（2017—2018年）来源集刊目录》（CSSCI），2021年《珞珈管理评论》再次入选《中文社会科学引文索引（2021—2022年）来源集刊目录》，2023年，《珞珈管理评论》入选中国人文社会科学期刊AMI（集刊）核心集刊。

自2022年第40辑起，《珞珈管理评论》每2个月出版1辑。

《珞珈管理评论》以服务中国管理理论与实践的创新为宗旨，以促进管理学学科繁荣发展为使命。本集刊主要发表管理学领域有关本土问题、本土情境的学术论文，介绍知识创造和新方法的运用，推广具有实践基础的研究成果。热忱欢迎国内外管理学研究者踊跃赐稿。敬请投稿者注意以下事项：

1. 严格执行双向匿名评审制度；不收取版面费、审稿费等任何费用。

2. 启用网上投稿、审稿系统，请作者进入本网站（http://jmr.whu.edu.cn）的"作者中心"在线投稿。根据相关提示操作，即可完成注册、投稿。上传稿内容包括：文章标题、中文摘要（300字左右）、关键词（3~5个）、中图分类号、正文、参考文献、英文标题、英文摘要。完成投稿后，还可以通过"作者中心"在线查询稿件处理状态。如有疑问，可与《珞珈管理评论》编辑部（027-68755911）联系。不接受纸质版投稿。

3. 上传文稿为Word和PDF两种格式，请用正式的ＧＢ简体汉字横排书写，文字清晰，标点符号规范合理，句段语义完整，全文连贯通畅，可读性好；全文以10000字左右为宜（有价值的综述性论文，可放宽到15000字，包括图表在内），论文篇幅应与其贡献相匹配。图表、公式、符号、上下角标、外文字母印刷体应符合规范。若论文研究工作受省部级以上基金项目支持，请用脚注方式注明基金名称和项目编号。

4. 正文文稿格式为：（中文）主题→作者姓名→工作单位→摘要→关键词（3~5个）→1引言（正文一级标题）→内容（1.1（正文二级标题）…，1.2…）……→结论→参考文献→（英文）主题→作者姓名→工作单位→摘要→关键词→附录；摘要不超过300字。

5. 来稿录用后，按规定赠予当期印刷物两本（若作者较多，会酌情加寄）。

6. 注释、引文和参考文献，各著录项的具体格式请参照网站投稿指南。

7. 文责自负。作者须郑重承诺投稿论文为原始论文，文中全部或者部分内容从来没有以任何形式在其他任何刊物上发表过，不存在重复投稿问题，不存在任何剽窃与抄袭。一旦发现论文涉及以上问题，本编辑部有权采取必要措施，挽回不良影响。

8. 作者应保证拥有论文的全部版权（包括重印、翻译、图像制作、微缩、电子制作和一切类似的重新制作）。作者向本集刊投稿行为即视作作者同意将该论文的版权，包括纸质出版、电子出版、多媒体出版、网络出版、翻译出版及其他形式的出版权利，自动转让给《珞珈管理评论》编辑部。